本书是上海市哲社规划中青班专项课题"地方人大常委会规范性文件备案审查的标准和范围研究"(项目编号：2019FZX013）的研究成果

本成果的出版得到上海政法学院"问渠源学者"计划的资助

规范性文件备案审查
的理论与实务

孙　波／著

中国政法大学出版社

2024·北京

声　　明　　1. 版权所有，侵权必究。

2. 如有缺页、倒装问题，由出版社负责退换。

图书在版编目（CIP）数据

规范性文件备案审查的理论与实务 / 孙波著. -- 北京 ： 中国政法大学出版社，2024.
12.　ISBN 978-7-5764-1880-4

Ⅰ．D630.1

中国国家版本馆 CIP 数据核字第 2024Z7J107 号

出　版　者　　中国政法大学出版社

地　　　址　　北京市海淀区西土城路 25 号

邮寄地址　　北京 100088 信箱 8034 分箱　邮编 100088

网　　　址　　http://www.cuplpress.com (网络实名：中国政法大学出版社)

电　　　话　　010-58908285(总编室) 58908433 （编辑部） 58908334(邮购部)

承　　　印　　固安华明印业有限公司

开　　　本　　720mm×960 mm　1/16

印　　　张　　12

字　　　数　　180 千字

版　　　次　　2024 年 12 月第 1 版

印　　　次　　2024 年 12 月第 1 次印刷

定　　　价　　56.00 元

目　录

第一章

规范性文件备案审查概述

一、规范性文件备案审查的涵义

规范性文件备案审查是保障宪法和法律实施以及维护国家法制统一的一项重要的监督制度。厘清规范性文件备案审查的特征以及相似概念的区分是研究该制度的前提和基础。

（一）规范性文件备案审查的概念

规范性文件备案审查是指有关备案审查机关依职权或申请对规范性文件进行登记存档并检查监督的一种立法监督制度。备案审查工作主要包括备案和审查两大部分。首先，备案是备案审查工作开展的前提和基础。备案指的是制定机关将其制定的规范性文件依法报送备案机关登记和存档。备案不是单纯地告知，而是制定机关依法接受监督的过程。备案应当依照法定的条件和程序，例如《法规规章备案审查条例》第4条即对法规规章的备案主体作出了明确规定。其次，审查是备案审查工作的关键。审查指的是备案审查机关对制定机关报送的规范性文件进行有关合宪性、政治性、合法性和适当性的检查和监督。根据审查方式的不同，审查可以分为主动审查、专项审查、联合审查和移送审查。审查既要做到"有备必审"，又要针对重点内容进行审查。例如《全国人民代表大会常务委员会关于完善和加强备案审查制度的决定》（以下简称《关于完善和加强备案审查制度的决定》）第11项明确，要重点审查"是否符合宪法规定、宪法原则和宪法精神"。最后，从备案和审查的关系看，备案是审查的前提，没有备案就不能进行审查，审查是备案的目的指向，只备不查便失去了备案审查制度存在的价值和基础。因此，备案与审查共同构成规范性文件备案审查制度中相辅相成的重要环节。

（二）规范性文件备案审查与合宪性审查的关系

作为一种对法规、规章、司法解释等规范性文件的一种监督审查制度，规范性文件备案审查与现有的合宪性审查具有一定的联系，但也存在着较大的差别。合宪性审查指的是有权机关根据法定权限和程序审查法律文件和行使公权力的行为是否符合宪法的制度。备案审查与合宪性审查相同之处在于，二者都是为维护宪法权威、加强宪法监督和保障法制统一服务的相关制度，都是实施宪法的重要环节。但是二者也存在较大的区别。第一，审查主体不同。备案审查的主体较为广泛，根据《中华人民共和国宪法》（以下简称《宪法》）、《中华人民共和国立法法》（以下简称《立法法》）、《中华人民共和国监督法》（以下简称《监督法》）和各地方相关的地方性法规和规章，全国人大常委会、地方人大常委会、国务院、县级以上地方各级人民政府都是规范性文件的备案审查主体；合宪性审查的主体只有全国人大及其常委会，其中，全国人大常委会作为全国人大的常设机关，是日常性的合宪性审查机关；[1]第二，审查标准不同。备案审查的审查标准要宽于合宪性审查。具体而言，备案审查是对合宪性、政治性、合法性和适当性进行审查，审查标准既有形式标准也有实质标准；[2]合宪性审查制度是对是否违反宪法进行审查，并且能够体现审查主体合宪性推定原则的立场。[3]第三，审查对象的范围不同。合宪性审查的对象范围相较于备案审查制度更宽泛。备案审查主要是针对法规、规章和司法解释等规范性文件进行审查；而合宪性审查的对象范围包括法律、法规、规章、司法解释，等等。

（三）规范性文件备案审查的特点

我国规范性文件备案审查制度从建立至今已有多年，日臻成熟。在发展过程中，呈现出以下特点。第一，审查主体具有特定性。根据我国《宪法》、

---

〔1〕《宪法学》编写组：《宪法学（第二版）》，高等教育出版社2020年版，第340页。

〔2〕参见封丽霞：《制度与能力：备案审查制度的困境与出路》，载《政治与法律》2018年第12期。

〔3〕参见王书成：《合宪性推定与"合宪性审查"的概念认知——从方法论的视角》，载《浙江社会科学》2011年第1期。

《立法法》、《监督法》和相关的地方性法规和规章，规范性文件备案审查的主体是特定的，包括全国人大常委会、地方人大常委会、国务院和县级以上各级地方人民政府。当然，备案审查的具体工作是由各级人民代表大会专门委员会、各级人大常委会工作机构、国务院备案审查工作机构或县级以上地方各级政府司法行政部门来完成的。第二，审查对象具有广泛性。其深层原因是规范性文件的制定主体众多，具体来说，规范性文件备案审查制度的对象包括行政法规、地方性法规、行政规章、司法解释以及其他具有普遍约束力的决定和命令等。第三，审查标准具有丰富性。我国规范性文件的备案审查，在标准上采取了合宪性、政治性、合法性和适当性四大标准，每一个标准内部，又都包括较为全面和丰富的内容。例如，根据《法规、司法解释备案审查工作办法》第 36 条，合宪性标准包括是否符合宪法规定、宪法原则和宪法精神。根据《法规、司法解释备案审查工作办法》第 38 条，合法性标准包括是否对只能制定法律的事项作出规定；是否超越权限，违法设定公民、法人和其他组织的权利与义务，或者违法设定国家机关的权力与责任；是否违法设定行政许可、行政处罚、行政强制，或者对法律设定的行政许可、行政处罚、行政强制违法作出调整和改变；是否与法律规定明显不一致，或者与法律的立法目的、原则明显相违背，旨在抵消、改变或者规避法律规定；是否违反授权决定，超出授权范围；是否对依法不能变通的事项作出变通，或者变通规定违背法律的基本原则；是否违背法定程序，等等。

二、规范性文件备案审查制度的历史沿革

规范性文件备案审查制度，伴随着中国改革开放的进程，随着我国人民代表大会制度的建立而逐步发展和完善。在这一过程中，"1954 年宪法奠定了规范性文件审查制度的基础，20 世纪 80 年代修订的地方组织法和 2000 年颁布的立法法，对审查规范性文件的程序又以法律的形式予以确定"[1]。进入新世纪，特别是《监督法》出台之后，我国各级地方人大常委会也加强了对规范性文件备案审查制度方面的监督立法，对这一制度的发展和完善作了重

---

〔1〕　吴绍奎：《对规范性文件备案审查的探讨》，载《中国人大》2005 年第 1 期。

要的补充。党的十八大以后，党和国家对新时代推进规范性文件备案审查工作又作出了新部署、提出了新的要求。具体来说，规范性文件备案审查制度的发展过程，从初步确立对规范性文件的监督制度到形成并完善规范性文件备案审查制度，主要可以分为四个阶段：

（一）萌芽阶段：从1954年宪法制定到1979年《地方组织法》[1]制定

规范性文件备案审查制度的历史追溯应从1954年宪法制定开始。自中华人民共和国成立以来，我国就十分重视法制建设，1954年宪法和相关法律颁布，使得我国无法可依的状况得以改变，为之后立法体制建设打下了良好的基础。其中，根据1954年宪法第27条和第31条，全国人民代表大会有权修改宪法、制定法律并监督宪法实施，全国人大常委会有权解释法律并监督国务院、最高人民法院和最高人民检察院的工作，并撤销国务院同宪法法律等相抵触的决议和命令，有权改变或者撤销省级国家权力机关的不适当决议；根据第60条和第65条，地方各级人民代表大会有权改变或者撤销本级人民委员会的不适当的决议和命令，县级以上的人民代表大会有权改变或者撤销下一级人民代表大会的不适当的决议和下一级人民委员会的不适当的决议和命令，县级以上的人民委员会有权停止下一级人民代表大会的不适当的决议的执行，有权改变或者撤销所属各工作部门的不适当的命令和指示和下级人民委员会的不适当的决议和命令。这些规定使备案审查制度的建立和发展在国家根本法的层面获得了根本保证。但是，1954年宪法后来遭到破坏，人大及其常委会的监督权被削弱，尤其是1975年和1978年这两部宪法并没有规定地方人大及其常委会对规范性文件的审查权，只在1978年宪法第25条保留了全国人民代表大会常务委员会有权"改变或者撤销省、自治区、直辖市国家权力机关的不适当的决议"的规定。

（二）确立阶段：1979年《地方组织法》出台到2000年《立法法》颁行之前

在这一阶段，规范性文件备案审查在制度层面正式得到确立。1978年12月党的十一届三中全会召开，邓小平同志提出为了防止再走弯路，建立并完

---

[1]《中华人民共和国地方各级人民代表大会和地方各级人民政府组织法》，以下简称《地方组织法》。

善社会主义民主制度和法制势在必行。1979 年我国制定了多部法律，包括《地方组织法》、《中华人民共和国全国人民代表大会和地方各级人民代表大会选举法》（以下简称《选举法》）等。《地方组织法》的出台对于备案审查制度的发展具有重要意义，该法重新赋予了县级以上地方人大常委会"改变或者撤销"下一级人大制定的不适当的决议的权力，即地方人大的监督权。其后，1982 年宪法颁布。在中央层面，根据该部宪法第 67 条，全国人大常委会有权撤销国务院制定的同宪法、法律相抵触的行政法规、决定和命令，有权撤销省、自治区、直辖市国家权力机关制定的同宪法、法律和行政法规相抵触的地方性法规和决议；在地方层面，该宪法相较于《地方组织法》，对地方人大及其常委会可以撤销的不适当的决议和命令的范围予以扩大，即地方各级人大及其常委会也可以"撤销"同级政府不适当的规范性文件。同时，1982 年宪法还在第 100 条和第 116 条明确使用了"备案"一词，即"省、直辖市的人民代表大会和它们的常务委员会，在不同宪法、法律、行政法规相抵触的前提下，可以制定地方性法规，报全国人民代表大会常务委员会备案"，"自治州、自治县的自治条例和单行条例，报省或者自治区的人民代表大会常务委员会批准后生效，并报全国人民代表大会常务委员会备案"。之后，1986 年对《地方组织法》进行了修改。经过此次修改，县级以上地方各级人大常委会拥有了撤销同级政府制定或通过的不适当的规范性文件的权力。除了前述宪法和宪法性法律层面的制度确立，规范性文件备案审查还在行政法规层面得到关注，即国务院于 1990 年 2 月 18 日发布了《法规、规章备案规定》。该文件虽然只有短短 14 条，但是非常全面地规定了备案审查的范围、审查主体、备案审查程序、审查标准和处理结果等内容，是该阶段规范性文件备案审查的专门性规定，标志着规范性文件备案审查在制度层面得到正式确立。

（三）丰富和发展阶段：《立法法》颁行和《监督法》出台

2000 年《立法法》出台，标志着我国规范性文件备案审查工作从"备案"阶段转入了"审查"阶段。《立法法》出台的重要意义不仅在于对立法质量的保障，同时也能更好地维护法制统一，该法不仅详细地规定了我国各个有立法权的国家机关的立法权限，而且进一步细化了对备案和审查的规定，强化了其地位。《立法法》明确规定了备案制度，将地方性法规、自治条例和单行条例、部门规章和地方政府规章以及授权法规作为备案的对象；要求行政法规报全国人大常委会备案；规定了审查启动程序。从此时开始，我国的规范性文件备案审查制度从中央到地方逐渐铺开。2001 年，国务院制定出台了《法规规章备案条例》。2004 年 5 月，全国人大常委会首次设立了隶属于全国人大常委会法制工作委员会的法规备案审查室，说明全国人大常委会已经注意到法规备案审查的重要性。2005 年 12 月，第十届全国人大常委会委员长会议修订了《行政法规、地方性法规、自治条例和单行条例、经济特区法规备案审查工作程序》，并通过了《司法解释备案审查工作程序》，越来越多的规范性文件被纳入到备案审查范围。

从 1954 年《宪法》到 1979 年《地方组织法》，再到 2000 年的《立法法》，都有备案和审查制度的规定，但是规范性文件备案审查制度扩展和丰富到地方层面则始于 2006 年颁布的《监督法》。《监督法》设专章第五章对"规范性文件备案审查制度"进行详细规定，把"最高人民法院、最高人民检察院作出的属于审判、检察工作中具体应用法律的解释"即司法解释列为备案审查的对象，同时把制定相关备案审查工作程序的权力，授予了省级人大常委会，即"县级以上地方各级人民代表大会常务委员会审查、撤销下一级人民代表大会及其常务委员会作出的不适当的决议、决定和本级人民政府发布的不适当的决定、命令的程序，由省、自治区、直辖市的人民代表大会常务委员会参照立法法的有关规定，作出具体规定"。这也就进一步扩充了规范性文件备案审查的范围和内容，以法律形式确定了县级以上地方各级人大常委会作为地方国家权力机关对"规范性文件"的"备案审查权"。至此，我国规范性文件备案审查制度发展到了从上到下、将各种性质的规范性文件纳入备案审查范围的程度。《监督法》出台后，各省级人大常委会纷纷通过出台监督法实施办法或制定专门的规范性文件备案审查条例的形式来规范和细化规范性文件备案审查制度。到 2012 年 8 月份，也就是中共十八大召开前夕为止，除香港、澳门、台湾外，全国 31 个省级行政区全部对地方人大常委会规范性文件备案审查作了规定。从备案审查的范围角度看，《监督法》出台后，省级人大常委会对报送地方人大常委会备案的规范性文件范围都作了规定，具体可以分为两类：一是与《立法法》和《监督法》的规定基本保持相一致，如重庆、四川等 17 个省份；二是扩大了《监督法》规定的备案范围，具体包括：将地方"两院"制定的规范性文件纳入备案范围，如江西、河南等 9 个省份；将政府所属部门或政府办公厅（室）制定的规范性文件纳入备案范围，如上海、湖南等 5 个省份。就存在着有的省份在 2006 年之前规定省级人大常委会有权审查地方"两院"的规范性文件，但《监督法》出台后，又停止了省级人大常委会对地方"两院"规范性文件的备案审查，如重庆市。（见第二章表 1）

（四）完善阶段：党的十八大以后党和国家对备案审查工作的新要求

党的十八大以后，党中央把法治建设摆到党和国家工作全局的关键位置来谋划推进，提出了全面依法治国的新理念、新思想、新战略，为推进国家治理体系和治理能力现代化提供了重要保证。规范性文件备案审查作为全面依法治国的重要环节，也被提到了前所未有的高度，不断地得到完善。党的十八届三中全会提出："健全法规、规章、规范性文件备案审查制度"，党的十八届四中全会决定明确提出："加强备案审查制度和能力建设，把所有规范性文件纳入备案审查范围，依法撤销和纠正违宪违法的规范性文件，禁止地方制发带有立法性质的文件。"其后，党的十九大进一步从宪法监督和宪法权威的角度提出："加强宪法实施和监督，推进合宪性审查工作，维护宪法权威。"一切违反宪法法律的法规、规章和规范性文件都必须予以纠正。这是党和国家对新时代推进备案审查工作作出的新部署、提出的新要求。2019 年 10 月，党的十九届四中全会要求，"加强备案审查制度和能力建设，依法撤销和纠正违宪违法的规范性文件"。2021 年 12 月，全国党内法规工作会议强调，"备案审查工作要坚持'有件必备、有备必审、有错必纠'，彰显监督功能、发挥纠错作用，有效维护党内法规制度的统一性"。更振奋人心的是党的二十大报告明确提出"完善和加强备案审查制度"，并首次将备案审查写入党的全国代表大会报告。其后，党的二十届三中全会进一步提出"完善合宪性审查、备案审查制度，提高立法质量。"可以说，规范性文件备案审查制度的重要性得到了党中央的高度重视，党中央的一系列文件为规范性文件备案审查制度的完善奠定了坚实的基础。

从实践操作和制度建设层面，规范性文件备案审查也得到了全国人大和全国人大常委会的重点关注。在党的十八届三中全会和党的十八届四中全会明确提出加强备案审查制度和能力建设，把所有规范性文件纳入备案审查范围之后，根据中央的要求，全国人大常委会迅速作出反应，提出了"规范性文件在哪里，备案审查就跟到哪里"，"只要规范性文件的制定主体属于人大监督对象，其制定的规范性文件都应当纳入备案审查范围，实现备案全覆盖"的要求。2018 年 12 月 24 日下午，十三届全国人大常委会第七次会议第三次全体大会在北京召开。全国人大常委会法制工作委员会主任沈春耀作全国人民代表大会常务委员会法制工作委员会关于 2018 年备案审查工作情况的报告。报告指出，拟从 2019 年开始，逐步推动将地方政府规章和其他规范性文件以及地方"两院"制定的有关规范性文件全部纳入人大备案审查范围，以备案全覆盖带动审查全覆盖，以审查全覆盖实现监督全覆盖，重点是将影响老百姓切身利益、直接涉及公民权利义务的各类规范性文件依法纳入人大备案审查范围。每年年底，全国人民代表大会常务委员会法制工作委员会都在全国人大常委会全体大会上作规范性文件备案审查情况的工作报告，该做法已成为惯例，体现出全国人大对备案审查工作的重视，意义重大且广受好评。当然，全国人大常委会也对规范性文件备案审查进行了积极的制度建设。2019 年 12 月 16 日，第十三届全国人大常委会通过了《法规、司法解释备案审查工作办法》，该办法是对 2005 年颁布的《行政法规、地方性法规、自治条例和单行条例、经济特区法规备案审查工作程序》和《司法解释备案审查工作程序》的细化和完善。具体来说，该办法细化了备案审查程序、备案审查标准、处理纠正措施，强调了地方人大常委会备案审查的方式和对制定机关的约束，并在该法第 5 条建立了向常委会报告备案审查工作制度，规定了常委会办公厅和专门委员会、常委会法制工作委员会的职责，使全国人大及其常委会更好地履行监督职责。2023 年 12 月 29 日第十四届全国人大常委会第七次会议通过了《关于完善和加强备案审查制度的决定》，这一文件是全国人大常委会首次以决定的形式对备案审查制度作出的专门性规定。该决定将有备必审原则以及全国人大常委会备案范围和审查重点予以细化。首先，对坚持有备必审作出了总体规定。包括完善审查工作机制，细化审查内容，规范审查程序，综合运用依申请审查、主动审查、专项审查、移送审查和联合审查等方式，依法开展审查工作。其次，细化了全国人大常委会备案范围，包括行政法规、监察法规、地方性法规、自治州和自治县的自治条例和单行条例、经济特区法规、浦东新区法规、海南自由贸易港法规以及最高人民法院、最高人民检察院作出的属于审判、检察工作中具体应用法律的解释。此外，将审查的重点内容分为六种情形，包括是否符合宪法规定、宪法原则和宪法精神；是否符合党中央的重大决策部署和国家重大改革方向；是否超越权限，减损公民、法人和其他组织权利或者增加其义务；是否违反上位法规定；是否违反法定程序；采取的措施与其目的是否符合比例原则。该《决定》的颁布不仅使备案审查工作显性化、制度化、常态化，还解决了社会关注的热点问题。具体包括停止了对涉罪人员近亲属"连坐"，将地方全面禁放烟花爆竹的规定予以修改，使其符合国务院制定的《烟花爆竹安全管理条例》等法律、行政法规的规定，等等。

在规范性文件备案审查完善阶段，必须提及的还有国务院的专门性行政法规，即2024年8月19日通过的《法规规章备案审查条例》。从1990年的《法规、规章备案规定》到2001年的《法规规章备案条例》，再到2024年的《法规规章备案审查条例》，都是与法规规章备案和审查相关的规定，但是后者比前两者的进步意义更为明显：第一，《法规规章备案审查条例》加强了党对备案审查工作的领导。该条例第13条将"法规规章是否符合党中央、国务院的重大决策部署和国家重大改革方向"作为审查事项，将党中央、国务院关于备案审查工作的决策部署转化为法规制度，加强了党的领导作用。第二，《法规规章备案审查条例》加强了对人民权益的保障。除了明确"以人民为中心"为要求，还规定了审查时可以通过座谈会、听证会等多种方式，听取国家机关、社会组织、企业事业单位、专家学者以及利益相关方的意见，践行了备案审查过程中的全过程人民民主。第三，《法规规章备案审查条例》较前两者更加注重审查。《法规规章备案审查条例》以"有件必备、有备必审、有错必纠"为原则，在备案规则的基础上更加强调了审查规则，使其与《立法法》《关于完善和加强备案审查制度的决定》的备案目的相一致，提高了备案审查的能力和质量。第四，《法规规章备案审查条例》的审查方式更加多元。在该条例第11条规定了备案审查的主动审查、专项审查和联合审查三种审查方式，在第 16 条规定了移送审查的审查方式。备案审查方式的丰富，使备案审查工作更灵活，能够更好地适应实践中的突发情况。

三、规范性文件备案审查的原则

在备案审查过程中要遵循以下三个原则，分别为依法备案审查原则，有件必备、有备必审、有错必纠原则以及以人民为中心的原则。这些原则贯穿规范性文件备案审查制度的始终，引领备案审查工作的运行，保障备案审查制度功能的实现。

（一）依法备案审查原则

规范性文件的备案审查工作应当依照法定的权限和程序进行，这是职权法定的体现。职权法定包括五个方面，分别为主体法定、权限法定、程序法定、职责法定以及不得滥用职权。其中，主体法定是指行使职权的主体必须为法律所规定或经合法授权或委托进而取得资格的主体；权限法定是指相关主体在行使权力时，需遵循"法无授权即禁止"的宗旨；程序法定是指行使职权必须遵守法定的方式、步骤和时限等程序；职责法定是指因违法行使权力而承担的责任的轻重、方式、范围等都需要依据法律的规定；不得滥用职权是指相关主体在行使裁量权时应符合法律的规定和目的，一切国家机关都不得有超越宪法法律的特权。具体到备案审查工作，各级人民代表大会专门委员会、各级人大常委会工作机构、国务院备案审查工作机构、县级以上地方各级政府司法行政部门都应当依照法定权限和程序积极履行备案审查工作职责，也必须按照法定的审查标准对规范性文件进行审查。例如，不同的审查机构的权限是有区分的，根据《法规、司法解释备案审查工作办法》第 20 条，全国人大宪法和法律委员会、全国人大常委会法制工作委员会有权对法规、司法解释及其他有关规范性文件中涉及宪法的问题进行合宪性审查研究，提出书面审查研究意见，并及时反馈制定机关。此项合宪性审查的权力，地方备案审查机构是不能行使的，以河南省、河北省、江西省为例，地方人大常委会在备案审查过程中，如果发现规范性文件可能存在不符合宪法规定、宪法原则或者宪法精神问题的，需要由人大常委会逐级报告，由省级人大常委会向全国人大常委会书面提出合宪性审查请求。

（二）备案与审查相结合的原则

完备的备案审查制度要以备案程序和审查程序的有机结合为原则。一方面，要加强备案工作，坚持有件必备，将所有规范性文件纳入到备案的范围之内，不按规定报备的，应当承担相应的责任。例如，根据《关于完善和加强备案审查制度的决定》，全国人民代表大会常务委员会办公厅负责法规、司法解释的备案工作，对备案文件进行形式审查。对符合备案要求的，予以登记、存档，并根据职责分工分送全国人民代表大会有关专门委员会和常务委员会工作机构进行审查。对不符合备案要求的，采取退回、要求补充或者更正后重新报送等方式处理。常务委员会办公厅对报送机关的报送工作进行督促检查，并对瞒报、迟报、漏报等情况予以通报。另一方面，应当坚持有备必审，加强主动审查和依申请审查的联动机制。备案审查机关不仅要对审查要求启动审查程序，还需突出对典型问题的审查，提高主动审查的质量和效率。审查工作应当严格遵循合宪性、政治性、合法性和适当性的审查标准以及依照法定程序进行。"备案"与"审查"不是两个割裂的环节，只有将二者紧密结合起来，才能充分发挥规范性文件备案审查制度的监督作用。

（三）有件必备、有备必审、有错必纠原则

"有件必备、有备必审、有错必纠"原则是贯穿备案审查制度的重要原则，该原则可以分为三个部分。首先，开展备案审查工作必须坚持有件必备。坚持有件必备是有备必审和有错必纠的前提。坚持有件必备，就是要做到法规、规章、司法解释等规范性文件应按规定应备尽备。对于制定机关来说，依照法定的条件和程序进行备案是其法定义务。对于监督机关来说，监督制定机关做好备案的报送工作是其法定职责。其次，开展备案审查工作必须坚持有备必审。备案审查主要是事后审查，有备必审是备案审查工作的核心。[1]坚持有备必审，就是要做到对应当审查的法规、规章、司法解释等规范性文件全部进行审查和监督。审查指的是有权机关对相关规范性文件全部进行审阅和检查的行为。在审查过程中，既要注重对实体的审查，更要注重对文件的格式、范围、程序及其完整性等形式的审查。最后，开展备案审查工作必须

---

〔1〕　参见王锴：《合宪性、合法性、适当性审查的区别与联系》，载《中国法学》2019 年第 1 期。

坚持有错必纠。有错必纠是备案审查工作的关键，也是实现立法纠错机制目标的关键。坚持有错必纠就是要对存在问题的文件进行纠正，实现对规范性文件的监督。有错必纠是实事求是的内在要求，将其应用在备案审查工作中，同样体现了违法必究这一社会主义法治建设的基本原则和重要目标。

四、规范性文件备案审查的意义

备案审查是法治监督的一种重要方式，也是宪法监督的重要手段。规范性文件备案审查制度的意义体现在保障宪法实施、强化立法监督、践行全过程人民民主、维护社会主义法制统一等四个方面。

（一）保障宪法实施

"宪法的生命在于实施，宪法的权威也在于实施。"[1]要把全面贯彻宪法的实施提升到一个新的水平，首先要保证"一切法律、行政法规和地方性法规都不得同宪法相抵触"，即各种规范性文件都符合宪法的精神，各级国家机关都在宪法规定的范围内行使职权和履行职责。完善的规范性文件备案审查制度是实施宪法的保障。首先，完善的规范性文件备案审查制度有利于维护宪法的根本法地位。确保每一个规范性文件不违反上位法的规定就是在保障宪法作为根本法的权威。其次，完善的规范性文件备案审查制度有利于维护人民合法权益。宪法是公民权利的保障书，宪法对公民基本权利的内容进行确认并对这些权利进行保障。保证规范性文件符合宪法的规定、原则和精神，就是在宪法的规则下维护人民的合法权益。最后，完善规范性文件备案审查制度有利于规范各级国家机关在职权范围内行使职责。备案审查不仅是对规范性文件进行形式审查，更是对其内容进行实质性审查，通过监督各级国家机关行使职权的内容和范围，进而防止权力的扩张和滥用。因此，完善规范性文件备案审查制度，以宪法为最高法律规范，全面推进科学立法、民主立法、依法立法，是落实依法治国基本方略、加快建设社会主义法治国家的重要保障。

---

[1] 习近平：《我国在首都各界纪念现行宪法公布施行 30 周年大会上的讲话》，载新华网 http://www.xinhuanet.com/politics/2012-12/04/c_ 113907206.htm，最后访问日期：2024 年 11 月 20 日。

（二）强化立法监督

立法监督是监督制度的重要方式。我国的立法监督体制是一个以国家最高权力机关监督为主和其他机关监督为辅的一元多级立法监督模式。在一元多级立法监督模式下，对规范性文件备案审查是立法监督的核心。党的十八大以来更加注重备案审查制度的落实，先后颁布了《法规、司法解释备案审查工作办法》、《关于完善和加强备案审查制度的决定》以及《法规规章备案审查条例》。在完善法规、规章和司法解释等规范性文件备案审查工作的同时，不仅强调了各级人大常委会对其自身备案审查工作的职责，还强调了上级人大常委会对下级人大常委会的联系、培训、交流和指导，这是符合中国国情、具有中国特色的一项宪法性制度设计。规范性文件备案审查制度的完善有利于提高立法监督的质量和效率，为推动我国一元多级立法监督模式更高质量地运行提供有效保障。

（三）践行全过程人民民主

备案审查工作必须坚持和贯彻全过程人民民主。"全过程人民民主是社会主义民主政治的本质属性，是最广泛、最真实、最管用的民主。"[1]《立法法》中明确规定"立法应当坚持和发展全过程人民民主"。备案审查作为立法活动的最后一环，同样要坚持人民民主不动摇，保障人民的知情权、参与权、表达权、监督权。为了更好地践行全过程人民民主，需要做好以下几个方面：第一，保障人民表达渠道的畅通。表达渠道的畅通是人民群众行使表达权的前提。要拓宽审查建议的提交方式，开通线上线下双渠道，充分发挥基层立法联系点和"网络直通车"的作用。第二，对人民的意见及时登记、答复和反馈，对合法、正确的予以落实。群众的意见是最好的尺子，是衡量立法工作成效的关键，落实恰当的意见将提高立法工作的质量和效率。第三，要主动听取利益相关方的意见。在开展备案审查工作时，主动开展座谈会、论证会、听证会、委托研究、实地调研等，听取各方意见并及时反馈。从而增强审查研究的针对性，提高备案审查工作的效率。第四，要主动对社会普遍关

---

〔1〕习近平：《高举中国特色社会主义伟大旗帜　为全面建设社会主义现代化国家而团结奋斗——在中国共产党第二十次全国代表大会上的报告》，人民网，http://hb.people.com.cn/n2/2022/1026/c194063-40169552.html，最后访问日期：2024年11月20日。

注、涉及民众重大利益的问题进行"开门审查"。通过收集群众的声音，首先解决重点领域的问题，进而将其他问题逐一攻破。主动展开对人民群众意见的收集，能够提升人民群众参与备案审查的积极性和主动性，确保备案审查工作以人民为中心原则的落实。

（四）维护社会主义法制统一

社会主义法制统一主要包括三个方面，分别为一切法律规范不与宪法相抵触、下位法不与上位法相抵触、同位阶的法律规范之间不冲突。规范性文件的备案审查制度是保障宪法法律实施、维护国家法制统一的重要制度。第一，对规范性文件进行备案审查能够保障一切法律规范不与宪法相抵触。合宪性审查是备案审查的标准之一。审查能够有效地纠正法律规范中的违宪条款，从而达到一切法律规范不与宪法相抵触的最终目标。第二，对规范性文件进行备案审查能够保障下位法不与上位法相抵触。《立法法》和《法规规章备案审查条例》均将下位法违反上位法规定列为审查内容，《关于完善和加强备案审查制度的决定》更是将"是否违反上位法规定"明确规定为重点审查内容，通过此项审查，能够确保下位法不与上位法相抵触，从而保障法律体系的和谐统一。第三，对规范性文件进行备案审查能够保障同位阶的法律规范之间的一致性。位阶相同的规范性文件，对同一事项的规定也不应当出现冲突和矛盾，否则会导致适用上的无序。规范性文件备案审查制度在某种程度上能够避免同位阶文件的不一致。例如，根据《法规规章备案审查条例》第 19 条，部门规章之间、部门规章与地方政府规章之间对同一事项的规定不一致的，由国务院备案审查工作机构进行协调；经协调不能取得一致意见的，由国务院备案审查工作机构提出处理意见报国务院决定，并通知制定机关。由此可以看出，通过对规范性文件的备案审查，将不适当的文件予以纠正，是保障我国法律体系一性的"最后一道防线"。[1]

---

[1] 参见孙莹、肖棣文：《法制统一与分级治理：我国央地立法权的配置机制》，载《公共行政评论》2023 年第 1 期。

第二章

省级人大常委会规范性文件的
认定标准和范围

一、省级人大常委会在备案审查中对规范性文件的认定标准和范围

在备案审查工作中，将哪些规范性文件纳入到备案审查范围，是一个重要问题，后续的备案审查机关、备案审查标准、备案审查决定等都必须以备案审查范围作为前提。到底需要将哪些规范性文件列入到需要报备的范围，与一个国家的法治建设状况有关，也与具体的备案审查能力有关，毕竟备案审查工作比较繁杂，需要较多的人力和时间精力。在我国的备案审查工作中，根据《监督法》和《立法法》等规定，县级以上各级人大常委会、国务院和省级人民政府都是法定的备案审查机关，而实践中的规范性文件也是种类繁多，相比较而言，需要报全国人大常委会和国务院备案的规范性文件较为明确，《立法法》和《法规规章备案条例》（2001 年制定，现已被《法规规章备案审查条例》废止）规定得较为清楚。实践中存在争议的是地方人大常委会在备案审查工作中对规范性文件的范围界定。基于此，本书在本部分重点考察省级人大常委会对规范性文件的范围界定，采取的思路是通过实证分析，对各省级人大常委会对规范性文件的认定标准进行考察并构建相应的认定标准，进而以认定标准来判断应当纳入到省级人大常委会备案审查工作的规范性文件的范围。

（一）关于 31 个省份地方性法规文本的选取说明〔1〕

《监督法》于 2006 年通过，到 2012 年底，全国 31 个省级人大常委会都完成了规范性文件备案审查的法规建设。其中，有 15 个省份采取且只采取制定监督法实施办法或监督条例的形式，在实施办法或监督条例中设专章对规范性文件备案审查予以规定，分别为河北、山西、辽宁、吉林、黑龙江、江西、河南、湖北、海南、重庆、四川、西藏、陕西、新疆、贵州；9 个省级人大常委会制定且只制定有关规范性文件备案审查的专门法规，分别为北京、天津、上海、内蒙古、江苏、山东、广东、广西、宁夏；有 7 个省份既制定监督法实施办法或监督条例，又制定了专门的规范性文件备案审查法规，分别是浙江、安徽、福建、湖南、云南、甘肃、青海。从 2013 年到 2019 年这 7 年间，31 个省份有关于规范性文件备案审查的地方性法规又发生了很大的变动，尤其是 2015 年全国人大修订了《立法法》，赋予了所有设区的市以地方立法权，这使得省和自治区范围内，之前是省会市和较大的市的地方政府规章需要报省级人大常委会备案审查，而新《立法法》通过之后，新增加的设区的市的地方政府规章也要报省级人大常委会备案审查。所以，很多省份修订了有关规范性文件备案审查的地方性法规，例如，河南省，在 2009 年通过了《河南省实施〈中华人民共和国各级人民代表大会常务委员会监督法〉办法》，在 2015 年，河南省人大常委会对该办法进行了修正；安徽省在 2007 年制定了《安徽省各级人民代表大会常务委员会实行规范性文件备案审查的规

---

〔1〕 本部分内容写就于 2020 年，在本书成稿之时，虽然部分省级备案审查条例已经进行了修订，但是，考虑到以下两个因素，本部分内容不做资料的更新。一是，本部分内容写就之时，2006 年通过的《中华人民共和国各级人民代表大会常务委员会监督法》具有法律效力，并且，尚未开启修订程序。时至今日，《监督法》的修订工作一直在进行，但是，至今仍未获得审议通过，意即，备案审查权作为各级人大常委会的一项重要职权，其主要的法律依据仍然是 2006 年通过的《监督法》，而且，各省的《监督法》实施办法、监督条例仍处于生效且未修订状态，所以，本部分内容无法进行更新；二是，各省除了《监督法》实施办法和监督条例等文件之外，尚有备案审查方面的规定或条例，本部分内容写就之时，使用的均是当时的最新制定或者修订的版本，如今，很多省份虽然已经对其进行了更新一轮的修订，但是，经笔者查阅，在规范性文件的认定标准上，均未做出更改；对规范性文件的范围界定，大部分省份虽然已经进行了调整，但调整范围大致上与本部分内容相一致，这恰好印证了本部分的理论内容被实践所认可，所以，本部分内容所使用的法规文本不予更新，能更好地表达理论研究的前瞻性和对实践的观照。但是，本书的其他章节，在没有特殊考虑的情况下，均使用最新版本的地方性法规文本。

定》，安徽省人大常委会于 2017 年对该规定进行了修正。还有一些省份，新制定了有关于规范性文件备案审查的地方性法规，例如，在广东省，该省 2007 年制定了《广东省各级人民代表大会常务委员会规范性文件备案审查工作程序规定》，广东省人大常委会于 2018 年底重新制定了《广东省各级人民代表大会常务委员会规范性文件备案审查条例》，并将 2007 年的条例予以废止；在陕西省，该省在 2007 年已经制定了《陕西省实施〈中华人民共和国各级人民代表大会常务委员会监督法〉办法》，又于 2017 年新制定了《陕西省地方各级人民代表大会常务委员会规范性文件备案审查规定》。

前述复杂局面使得在对相关地方性法规文本进行分析时，需要首先解决如何选择法规文本的问题。本部分内容在选取文本时，坚持选择正在生效的、最新的、具有专门性的文本。意即：

首先，要选择正在生效的地方性法规，生效是比较研究的一个重要的选择参照，已经被废止的版本，一般来说，只有在对同一个省份的文件进行新旧对比时才有意义，而本研究是不同省份之间的对比研究，所以，需要选择正在生效的文件。

其次，要选择最新的文件，笔者进行资料收集时，尽可能查找 31 个省份最新的文件文本，如表 14 所示，安徽、陕西、西藏、新疆、宁夏、甘肃、广东、广西、江西、吉林、黑龙江、河北、河南、陕西等省份的文件都是 2015 年之后颁布的，尤其是黑龙江省的地方性法规，2018 年制定通过，广东省的地方性法规，2018 年底制定通过，2019 年才开始生效。

最后，文本选择还要兼具专门性，当一个省份既有监督法实施办法，又有规范性文件备案审查的专门性法规，则选取专门性的地方性法规，毕竟监督法实施办法一般只设其中一章并且只有几个条文对规范性文件备案审查进行规定，如《浙江省各级人民代表大会常务委员会规范性文件备案审查规定》通过时间是 2007 年，《浙江省各级人民代表大会常务委员会监督条例》通过时间是 2008 年，本书的比较研究仍然选取专门性法规，即《浙江省各级人民代表大会常务委员会规范性文件备案审查规定》。

（二）《监督法》对于规范性文件的认定标准和范围的规定

《监督法》从起草到制定历程十分波折，中间经过了多次讨论和修改。

《监督法》从 1986 年开始就筹备起草，2006 年才被通过并颁布，中间历时二十年，而地方人大常委会规范性文件备案审查制度更是在这二十年中几经变化才得以被确立。在 1990 年形成的《监督法（草案修改稿）》之中并没有出现关于地方人大监督权的规定，中间的几次修改虽然增加了有关地方人大监督权的规定，但并没有提及规范性文件备案审查，直到 2004 年的草案修改之中才显现出对地方人大常委会规范性文件备案审查制度规定的可能性，最后 2006 年《监督法》被颁布，该法明确了地方人大常委会对规范性文件备案审查的权力。

2006 年《监督法》专设一章即第五章，用 6 个条文，即第 28 条到第 33 条，对规范性文件的备案审查制度进行了规定。全国人大常委会法制工作委员会有关负责同志认为，《监督法》所称的规范性文件，是指除宪法和法律外的两类文件：一是行政法规、地方性法规、自治条例和单行条例、国务院部门规章、地方政府规章。这些文件都是我国法的渊源，是我国法律体系的组成部分；二是上述文件之外的其他由国家机关制定的决议、决定、命令和司法解释等。这些文件虽然不是我国法的渊源，不是我国法律体系的组成部分，但也都是普遍适用的。[1]按此观点，我们可以将全国人大常委会及县级以上地方各级人大常委会备案审查的规范性文件区分为两大类型：一是纳入正式法律渊源的规范性法律文件。所谓正式渊源，也称为法定渊源，是在国家制度中确定为可以正式作为判决依据的法律文件。一般来说，我们在定位"法律渊源"时常常是将其表述为法律规范的表现形式，但法律渊源的核心本质则在于其可以作为司法审判的依据。换句话说，不具有法律渊源资格的文件或规范，不能作为法官在判决中引用的依据。根据我国相关法律规定，正式的法律渊源包括宪法、法律、行政法规、地方性法规、自治条例和单行条例、行政规章等几类。由于宪法是国家的根本大法，而法律由人大及其常委会制定，因而自然无法成为《监督法》调整的对象。而行政法规、地方性法规、自治条例和单行条例、行政规章等，这些正式渊源的备案审查问题已在 2000 年通过的《立法法》中作了相应的规定（《立法法》第 87 条、第 88 条、第

---

[1] 参见杨景宇主编：《监督法辅导讲座》，中国民主法制出版社 2006 年版，第 132 页。

89 条等条款对此作出了详尽的规定），因而《监督法》第 28 条规定："行政法规、地方性法规、自治条例和单行条例、规章的备案、审查和撤销，依照立法法的有关规定办理。"二是未纳入正式法律渊源的规范性法律文件。《监督法》第 29 条规定："县级以上地方各级人民代表大会常务委员会审查、撤销下一级人民代表大会及其常务委员会作出的不适当的决议、决定和本级人民政府发布的不适当的决定、命令的程序，由省、自治区、直辖市的人民代表大会常务委员会参照立法法的有关规定，作出具体规定。"第 31 条规定："最高人民法院、最高人民检察院作出的属于审判、检察工作中具体应用法律的解释，应当自公布之日起三十日内报全国人民代表大会常务委员会备案。"据此，这类文件包括：（1）县级以上人民代表大会及其常务委员会作出的决议、决定，乡（镇）人民代表大会作出的决议、决定；（2）县级以上人民政府发布的决定、命令；（3）司法解释，具体包括最高人民法院、最高人民检察院作出的具体应用法律的审判解释和检察解释。

从《监督法》的相关规定看，首先，该法并未规定规范性文件的认定标准，而是采取了肯定列举式，将应列入备案审查范围的规范性文件逐个列举出来；通过对《监督法》第 28、29 和 31 条进行分析可知，列入省级人大常委会备案审查范围的规范性文件包括：省级人民政府制定的行政规章；省级人民政府发布的决定、命令；下一级人民政府制定的行政规章；下一级人大及其常委会作出的决议、决定。不难看出，《监督法》所规定的列入备案审查的文件还是比较狭窄的，事实上，除了被列举的文件，还存在着多种形式的规范性文件，如省级人民政府工作部门的文件、办公厅的文件、地方"两院"的文件、党政联合制发的文件、人民政府和工作部门根据授权对地方性法规所制定的配套文件，等等。由此，《监督法》引发了一个难题，31 个省份在制定本省关于规范性文件备案审查工作的地方性法规时，在备案审查范围的列举上，是与《监督法》保持完全一致，还是可以有所变通，扩大备案范围？

（三）《监督法》的规定对各省级人大常委会备案审查范围的影响

从各省的地方性法规文本看，《监督法》的规定对各省份省级人大常委会备案审查范围还是具有很大影响的。在所选取的 31 个省份的有关于备案审查的地方性法规中，有 6 个省份是以《监督法》实施办法或者监督条例的形式存在的，即辽宁、河南、海南、重庆、贵州、四川，在这 6 个省份的地方性法规中，只有《河南省实施〈中华人民共和国各级人民代表大会常务委员会监督法〉办法》与《监督法》不一致，将省高级人民法院、人民检察院制定的规范性文件纳入到省人大常委会的备案审查范围，而且，该地方性法规在 2015 年进行过修订，该修订也未对这一内容进行修改。而其他五个省份的规定都与《监督法》保持了绝对的一致。以四川省为例，四川省人大常委会 2006 年颁布的《四川省人民代表大会常务委员会关于规章及规范性文件备案审查的规定》第 2 条曾经规定四川省高级人民法院和四川省人民检察院制定或者参与制定的涉及公民、法人或者其他组织权利和义务并具有普遍约束力的文件应当报四川省人大常委会备案审查，但 2010 年颁布的《四川省〈中华人民共和国各级人民代表大会常务委员会监督法〉实施办法》将 2006 年颁布的《四川省人民代表大会常务委员会关于规章及规范性文件备案审查的规定》予以废止，而在 2010 年的实施办法中，纳入四川省人大常委会备案审查范围的文件不再包含地方"两院"的规范性文件。从而，四川省人大常委会的备案审查范围，就实现了与《监督法》的一致。在采取制定专门的规范性文件备案审查的地方性法规的省份中，这种影响也是存在的。例如 2012 年制定的《北京市各级人民代表大会常务委员会规范性文件备案审查条例》，就将市人大常委会的备案审查范围规定为市人民政府制定的规章，市人民政府发布的决定、命令及其他规范性文件，区县人民代表大会及其常务委员会作出的决议、决定，这与《监督法》保持了高度的一致；2007 年制定的《浙江省各级人民代表大会常务委员会规范性文件备案审查规定》将省人大常委会的备案审查范围规定为省人民政府制定的规章，省级人民政府公布的决定、命令，较大的市的人民政府制定的规章，下一级人民代表大会及其常务委员会作出的决议、决定，其他应当报送备案的规范性文件，这与《监督法》的规定也基本上是一致的；2016 年制定的《宁夏回族自治区各级人民代表大会常务委员会规范性文件备案审查条例》将自治区人大常委会的备案审查范围规定为自治区人民政府制定的规章、设区的市人民政府制定的规章、下一级人民代表大会及其常务委员会作出的决议、决定，更是与《监督法》的规定保持了高度的一致。

（四）省级人大常委会规范性文件备案审查的认定标准的比较

通过对 31 个省份地方性法规文本的分析可以发现，在规范性文件的认定上，大多数省份都规定了认定标准；所采用的标准有四个：外部性标准、普遍适用性标准、反复适用性标准、公开性标准。以下据表进行分析（见表 1）。

安徽、海南、四川、辽宁等 4 个省份的地方性法规均没有规定认定标准，其地方性法规文本，直接对纳入省级人大常委会备案审查范围的规范性文件进行了列举，而且是穷尽式列举，没有使用任何兜底条款。

天津、江苏、浙江、内蒙古、贵州、青海、陕西共 7 个省份的地方性法规，均只采取了 1 个标准，即普遍适用性标准，表述为"具有普遍约束力"，同时，对纳入备案审查范围的规范性文件进行了列举。

北京、山东、重庆、福建、云南、新疆共 6 个省份的地方性法规，均采取了 2 个标准，即外部性标准和普遍适用性标准，基本上表述为"涉及公民、法人和其他组织权利义务""具有普遍约束力"。

上海、甘肃、广西、江西、吉林、黑龙江、湖北、河南和湖南共 9 个省份的地方性法规，均采取了 3 个标准。其中前 8 个省份采取的是外部性标准、普遍适用性标准、反复适用性标准，基本上表述为"涉及公民、法人和其他组织权利义务"、"具有普遍约束力"和"在一定时期内可以反复适用"。湖南省采取的 3 个标准是外部性标准、普遍适用性标准和公开性标准。

以是否采用公开性标准作为考察依据，31 个省份中，采用公开性标准的地方性法规共有 6 个，使用的词语是"公开发布"，分别是《湖南省规范性文件备案审查条例》（2007）、《山西省各级人民代表大会常务委员会规范性文件备案审查条例》（2015）、《河北省各级人民代表大会常务委员会规范性文件备案审查条例》（2015）、《西藏自治区各级人民代表大会常务委员会规范性文件备案审查条例》（2016）、《宁夏回族自治区各级人民代表大会常务委员会规范性文件备案审查条例》（2016）、《广东省各级人民代表大会常务委员会规范性文件备案审查条例》（2018），其中，只有湖南省的文件是 2007 年制定的，其余 5 个文件均是 2015-2018 年制定的，可以推测得出结论，最近几年，"公开发布"标准逐渐得到认可和重视；以时间维度作为考察依据，以

2015 年作为考察的开始时间点，截至目前为止，共有 14 个省份新制定或者修订了备案审查的地方性法规，其中 9 个省份属于新制定，5 个省份属于新修订。其中 5 个新修订的省份，包括甘肃、河南、广西、新疆、安徽，其地方性法规文本都沿用了之前版本的规范性文件认定标准，而没有新增"公开发布"标准；[1]9 个新制定的省份中，有 5 个采用了"公开发布"标准（包括山西、河北、西藏、宁夏、广东），另外 4 个没有采用这一标准（包括江西、吉林、陕西、黑龙江），采用"公开发布"标准的省份占半数还多，从这一数据也可以推测，在新制定地方性法规中，"公开发布"标准，越来越得到重视和认可，可能会成为未来的一个趋势。此外，需要指出的是，这 5 个省份的地方性法规，不但采用了"公开发布"标准，也无一例外地同时采用了其他 3 个标准，即，以 4 个标准认定纳入备案审查范围的规范性文件。

通过数据分析可以看出，除了没有采取认定标准的 4 个省份，其余 27 个省份均一致性地采取了普遍适用性标准，说明这一标准是最得到一致认可的；在 27 个省份中，有 20 个省份的地方性法规均采取了外部性标准，即认为规范性文件应当具备"涉及公民、法人和其他组织权利义务"这一特征，外部性标准相对来说争议也不大；其中 13 个省份的地方性法规文本采取了反复适用性标准，认为规范性文件应当是在一定时期内可以反复适用的；6 个省份的文本采取了公开性标准，认为纳入备案审查范围的规范性文件应该是"公开发布"的，没有对外发布的文件，不需要也不必进行备案审查，而且，从时间上看，其中山西、河北、西藏、宁夏、广东等 5 个省份的地方性法规都是 2015 年以后新制定的，可以由此推断可能会有越来越多的省份认可这一标准，并在后续的修订或新制定的地方性法规中将其写入文本。

表 1

标准数量	标准内容	省份
0 个		安徽、海南、四川、辽宁

---

〔1〕 需要说明的是这几个新修订的地方性法规文本，主要修订内容是，将 2015 年《立法法》新增设区的市政府的行政规章纳入备案审查范围，对其他内容几乎都没有修正，属于极小范围的内容修订。

标准数量	标准内容	省份
1个	具有普遍约束力	天津、江苏、浙江、内蒙古、贵州、青海、陕西
2个	涉及公民、法人和其他组织权利义务	北京、山东、重庆、福建、云南、新疆
	具有普遍约束力	
3个	涉及公民、法人和其他组织权利义务	上海、甘肃、广西、江西、吉林、黑龙江、湖北、河南
	具有普遍约束力	
	在一定时期内可以反复适用	
	涉及公民、法人和其他组织权利义务	湖南
	具有普遍约束力	
	公开发布	
4个	涉及公民、法人和其他组织权利义务	山西、河北、西藏、宁夏、广东
	具有普遍约束力	
	在一定时期内可以反复适用	
	公开发布	

（五）省级人大常委会规范性文件备案审查范围的种类比较

从法的效力位阶看，《监督法》是我国各级人大常委会进行法律监督的上位法和专门法。《监督法》对纳入备案审查范围的规范性文件进行了明确的列举，其中，列入省级人大常委会备案审查范围的规范性文件包括：省级人民政府制定的行政规章；省级人民政府发布的决定、命令；下一级人民政府制定的行政规章；下一级人大及其常委会作出的决议、决定。因为《监督法》是综合性的监督法律，规定了各级人大常委会对政府、法院、检察院等部门的全方位监督，包括专项工作报告监督、预算监督、法律法规实施情况的检查、规范性文件的备案审查、询问和质询、特定问题调查、撤职案的审议和决定等，因此，对于规范性文件的备案审查只是使用了6个条文作了粗线条的规定，而相关问题则规定参照其他法律或者是将某些问题授权给省级人大常委会制定地方性法规。其中，《监督法》第 28 条规定："行政法规、地方性法规、自治条例和单行条例、规章的备案、审查和撤销，依照立法法的有关规定办理。"《监督法》第 29 条规定："县级以上地方各级人民代表大会常务委员会审查、撤销下一级人民代表大会及其常务委员会作出的不适当的决议、决定和本级人民政府发布的不适当的决定、命令的程序，由省、自治区、直辖市的人民代表大会常务委员会参照立法法的有关规定，作出具体规定。"地方政府的规章，作为我国正式的法律渊源，《立法法》和国务院的《法规规章备案条例》已经对其作出了明确的规定，参照《立法法》的有关规定办理，自然没有争议；《监督法》第 29 条对于省级人大常委会的授权，从字面看，也只是授予其规定有关于"审查"和"撤销"的程序的权力，而并未授权其规定有关于"备案"的认定标准和范围等内容。

但是，在所选取的 31 个省份的有关于备案审查的地方性法规中，有 6 个省份是以《监督法》实施办法或者监督条例的形式存在的，即辽宁、河南、海南、重庆、贵州、四川。这 6 个省份的地方性法规的第 1 条，在阐明立法依据时，都明确使用了"根据《中华人民共和国各级人民代表大会常务委员会监督法》和有关法律的规定，结合本省实际，制定本条例"；其余 25 个省份，虽然法规名称不是《监督法》的实施办法，使用的是规范性文件备案审查的字样，但其第 1 条关于立法依据的阐述，也基本上都使用了"根据《中华人民共和国宪法》《中华人民共和国立法法》《中华人民共和国各级人民代表大会常务委员会监督法》等法律的有关规定，结合本省实际，制定本条例"这样的表述，相比于《监督法》实施办法，只不过是加上了《宪法》和《立法法》两个上位法的依据而已。

据此，既然《监督法》只授权省级人大常委会制定有关于备案审查的程序规定，而并未授权制定有关备案审查的范围规定，那么，如果按照这个逻辑推理，31 个省份的地方性法规，要么是不出现备案审查范围的内容，要么是与《监督法》保持完全的一致，将《监督法》有关于备案审查范围的条款直接搬过来使用即可。但实际上，通过对 31 个省份相关地方性法规文本的梳理，我们发现，事实并非如此。以下将以表格所列内容为依据，对各省份纳入省级人大常委会备案审查范围的规范性文件类别进行说明。

1. 在 31 个省份的地方性法规文本中，有 29 个文本所规定的备案审查范围包含了《监督法》所明确列举的四类文件，即省级政府规章、省级政府的决定和命令、下一级政府的规章、下一级人大及其常委会的决议和决定。广西和福建 2 个省份的文本没有涵盖《监督法》的四类文件中的省级政府的规章和下一级政府的规章。（见表 14）需要说明的是，《广西壮族自治区各级人民代表大会常务委员会规范性文件备案审查条例》（2008 通过、2016 修正）第 3 条第 4 款规定："地方性法规、自治条例和单行条例的报送备案，自治区人民政府、设区的市人民政府制定的规章的备案审查，依照《中华人民共和国立法法》和《广西壮族自治区立法条例》等法律、法规的有关规定办理"，而根据《立法法》和《广西壮族自治区立法条例》（2001 通过、2016 修订）第 69 条的规定，自治区、设区的市人民政府规章自公布之日起 30 日内报自治区人大常委会备案；《福建省各级人民代表大会常务委员会规范性文件备案审查规定》（2007）的制定说明中也明确指出：由于省人大常委会已于 2005 年制定通过了《福建省地方政府规章备案审查规定》，因此，该《规定（草案）》第 2 条规定："本省各级人民代表大会常务委员会对规范性文件的备案审查适用本规定，地方性法规和规章除外"。

2. 在 31 个省份的地方性法规文本中，北京、四川、重庆、宁夏、河北 5 个省份的文本，其规范性文件的范围与《监督法》规定的四类文件范围完全一致，没有减少，也没有增加；浙江、云南、甘肃、青海 4 个省份的文本，在涵盖了《监督法》四类文件范围的基础上，有一处小的变化，即增加了一个"其他应当报送备案的规范性文件"这样的兜底条款。除了这 9 个省份，其余 22 个省份的地方性法规文本，与《监督法》相比有较大的变化。（见表 14）

3. 关于备案审查范围的排除性规定。在所查找的资料中，有 3 个省份的地方性法规，明确排除了不需要备案审查的文件。这 3 份地方性法规文本，在以肯定的方式明确列举了纳入省级人大常委会备案审查范围的规范性文件之后，又以否定列举的方式明确排除了不需要纳入省级人大常委会备案审查范围的文件种类。《贵州省各级人民代表大会常务委员会监督条例》（2007）排除的文件是：规范本机关、本系统内部工作制度、管理制度的文件，人事任免决定以及向上级行政机关的请示和报告等；《广东省各级人民代表大会常务委员会规范性文件备案审查条例》（2018）排除的文件包括：属于有关国家机关制定的内部工作制度，人事任免、表彰，对具体事项作出处理决定，向上级机关请示、报告或者会议报告等不具有普遍约束力、反复适用性的文件；《湖北省各级人民代表大会常务委员会规范性文件备案审查工作条例》（2013）的排除范围是：各级人民代表大会及其常务委员会和县级以上人民政府的内部工作管理制度、人事任免决定、向上级机关的请示和报告等文件。（见表2）

表2

省份	文件制发时间	内容
贵州省	2007	规范本机关、本系统内部工作制度、管理制度的文件，人事任免决定以及向上级行政机关的请示和报告等
湖北省	2013	各级人民代表大会及其常务委员会和县级以上人民政府的内部工作管理制度、人事任免决定、向上级机关的请示和报告等文件
广东省	2018	属于有关国家机关制定的内部工作制度，人事任免、表彰，对具体事项作出处理决定，向上级机关请示、报告或者会议报告等不具有普遍约束力、反复适用性的文件

4. 关于地方"两院"的规范性文件。有9个省份的地方性法规，明确将地方"两院"的规范性文件纳入到省级人大常委会的备案审查范围，包括天津、安徽、新疆、广东、广西、江西、黑龙江、河南、陕西。（见表3）需要注意和说明的问题有三个：

（1）这9份法规文本中，关于地方"两院"的规范性文件的表述存在差异。其中广西和河南的表述最简单，即省级两院"制定的规范性文件"；天津的表述是"为执行法律、法规和司法解释而制定的具有普遍约束力的文件"；安徽的表述是省级两院制定的"执行最高人民法院、最高人民检察院司法解释的规范性文件"；新疆、江西和黑龙江的表述都是省级两院制定的"指导、规范审判、检察工作的意见、规定、办法等规范性文件"；陕西的表述是省高院"指导、规范审判及执行业务的规范性文件"和省人民检察院"指导、规范检察业务的规范性文件"；广东的表述是省级两院制定的"规范审判、检察工作的意见、规定、办法、指引等规范性文件"。

（2）从数量上看，31 个省份的地方性法规文本中，将地方"两院"的规范性文件纳入到备案审查范围的数量达到 9 个，占总数的 29%。

（3）从时间上看，在将地方"两院"的规范性文件纳入到备案审查范围的 9 份地方性法规文本中，除了 2008 年制定的天津市的文本外，其余 8 份文本，都是 2015 年以来新制定或新修订的；自 2015 年以来，31 个省份中共有 14 个省份新制定或新修订了地方性法规，其中将地方"两院"的规范性文件纳入到备案审查范围的 8 份文本，占总比为 57.1%。由此可以推断，随着党和国家提出"有件必备、有备必审"的要求，将会有越来越多的省级人大常委会，甚至可能会出现所有的省级人大常委会，在不久的将来，都将地方"两院"的规范性文件纳入到备案审查范围。

表 3

省份	文件制发时间	内容
天津市	2008	市高级人民法院、市人民检察院为执行法律、法规和司法解释而制定的具有普遍约束力的文件
河南省	2009 通过、2015 修正	省高级人民法院、省人民检察院制定的规范性文件
江西省	2015	省高级人民法院、省人民检察院制定的指导、规范审判、检察工作的意见、规定、办法等规范性文件
广西壮族自治区	2008 通过、2016 修正	自治区高级人民法院、自治区人民检察院制定的规范性文件
安徽省	2007 制定、2017 修正	省高级人民法院、省人民检察院制定的执行最高人民法院、最高人民检察院司法解释的规范性文件
新疆维吾尔自治区	2010 通过、2017 修订	自治区高级人民法院、自治区人民检察院制定的指导、规范审判、检察工作的意见、规定、办法等规范性文件
		自治区高级人民法院生产建设兵团分院及各师中级人民法院、自治区生产建设兵团人民检察院及各师检察分院制定的指导、规范审判、检察工作的意见、规定、办法等规范性文件

省份	文件制发时间	内容
陕西省	2017	省高级人民法院指导、规范审判及执行业务的规范性文件和省人民检察院指导、规范检察业务的规范性文件
广东省	2018	省高级人民法院、省人民检察院制定的规范审判、检察工作的意见、规定、办法、指引等规范性文件
黑龙江省	2018	省高级人民法院、省人民检察院制定的指导、规范审判、检察工作的意见、规定、办法等规范性文件
		大兴安岭地区行政公署、大兴安岭地区监察委员会、大兴安岭地区中级人民法院、省人民检察院大兴安岭分院制定的规范性文件
		省农垦中级人民法院、省人民检察院农垦分院制定的规范性文件
		省林区中级人民法院、省人民检察院林区分院制定的规范性文件
		哈尔滨铁路运输中级人民法院、省人民检察院哈尔滨铁路运输分院制定的规范性文件

5. 关于依据地方性法规授权制定的配套文件。在31个省份的地方性法规文本中，将依据地方性法规授权制定的配套文件纳入省级人大常委会备案审查范围的共有9个省份，包括上海、山东、山西、西藏、新疆、江西、吉林、黑龙江和湖南。如表4所示：

（1）配套文件的授权依据均为地方性法规，区别在于，上海、西藏、新疆、江西、吉林、黑龙江和湖南等7个省份的地方性法规均为省级地方性法规；黑龙江没有提及地方性法规是省级法规还是设区的市的法规或者二者都包括，山西省的地方性法规是"较大的市"的法规，山东省的地方性法规既包括省级法规，也包括"较大的市"的法规；

（2）被授权制定配套文件的主体，上海、山东、山西和湖南等4个省份均为省级政府及其相关部门或较大的市政府及其相关部门，西藏、新疆、吉林等3个省份均为省级政府，不包括省级政府的工作部门，江西和黑龙江没有提及配套文件的制定主体。

表 4

省份	内容
上海市	市地方性法规授权市人民政府及其相关工作部门制定的与本市地方性法规相配套的规范性文件
山东省	省人民政府及有关部门根据地方性法规的委任性规定对某一事项所作的具体规定
	较大的市的人民政府及有关部门根据地方性法规的委任性规定对某一事项所作的具体规定
山西省	较大的市的人民政府及有关部门根据地方性法规的委任性规定对某一事项所作的具体规定
西藏自治区	自治区人民政府根据地方性法规的授权对某一事项所作的具体规定
新疆维吾尔自治区	自治区人民政府根据本级地方性法规或者单行条例授权制定的与地方性法规相配套的规范性文件
江西省	省人大及其常委会的地方性法规授权制定的配套性规定
吉林省	省人民政府根据地方性法规授权制定的与地方性法规相配套的规范性文件
黑龙江省	地方性法规授权制定的配套性规定
湖南省	省人民政府及其所属部门根据地方性法规的授权就地方性法规适用中的具体问题所作的规定

6. 关于地方性法规的解释。根据 1981 年全国人大常委会作出的《全国人民代表大会常务委员会关于加强法律解释工作的决议》，凡属于地方性法规条文本身需要进一步明确界限或作补充规定的，由制定法规的人大常委会进行解释或作出规定；凡属于地方性法规如何具体应用的问题，由人民政府主管部门进行解释。在 31 个省份的地方性法规文本中，有 10 省份的文本规定将地方性法规解释纳入省级人大常委会的备案审查范围。具体包括五种情况：

一是规定省级政府及其所属部门对省级地方性法规具体应用问题的解释需报送备案审查，如安徽、山东、福建、江西、辽宁、湖北；

二是规定下一级人大常委会对同级人大的地方性法规的解释需报送省级人大常委会备案审查，如山西、贵州、湖北；

三是规定下一级政府及其有关部门对同级人大及其常委会的地方性法规

的解释需要报送省级人大常委会备案审查，如安徽、山东；

四是规定对省级政府和较大的市政府的规章的解释应当报送省级人大常委会备案审查，如湖北；

五是规定对自治区、自治州、自治县的自治条例和单行条例的解释应报送省级人大常委会备案审查，如贵州和湖北。（见表5）

表5

省份	内容
江苏省	较大的市的人民代表大会常务委员会对该市地方性法规的解释
安徽省	省人民政府及其所属部门对省级人民代表大会及其常务委员会制定的地方性法规具体应用问题的解释
	设区的市人民政府对地方性法规具体应用问题的解释
山东省	省人民政府及有关部门对省级人大及其常委会制定的地方性法规具体应用问题所作的解释
	较大的市的人民政府及有关部门对本级人大及其常委会制定的地方性法规具体应用问题所作的解释
山西省	依法享有立法权的市人民代表大会常务委员会对其制定的地方性法规作出的立法解释
福建省	省人民政府对地方性法规具体应用问题的解释
贵州省	贵阳市人民代表大会常务委员会、民族自治地方人民代表大会常务委员会作出的关于地方性法规、自治条例、单行条例的解释
江西省	省人大及其常委会的地方性法规实施中具体应用问题的解释
黑龙江	地方性法规实施中具体应用问题的解释
辽宁省	省人民政府依法对地方性法规在具体应用中的解释
湖北省	有解释权的机关对省人民政府的规章，武汉市的地方性法规和规章，恩施土家族苗族自治州、长阳土家族自治县、五峰土家族自治县的自治条例、单行条例作出的解释

7. 关于省级人民政府办公厅发布的规范性文件。省级人民政府办公厅是省级人民政府的内设办文办事机构，由于它的特殊性，实践中经常出现以它名义制发的文件，而且有时候这种文件还获得了省级政府的授权，并且，这种文件的数量还是相当可观的，所以，很多省份已经注意到了对办公厅发布

的文件的审查制约。在考察的 31 个省份的地方性法规文本中，有 8 个省份将其政府办公厅的规范性文件纳入到了省级人大常委会的备案审查范围。当然，在表述上存在着差异，如广东、广西、湖南等 3 个省份直接表述为省级政府办公厅发布的文件；江西、黑龙江、福建等 3 个省份则强调省政府授权或批准的情况下由办公厅（办事机构）发布的文件；山西、吉林等 2 个省份则明确强调这种以办公厅形式发布的文件是省人民政府制定的。此外，福建省还将省政府组成部门和直属机构经省政府批准而发布的规范性文件也纳入到备案审查范围。（见表 6）

表 6

省份	内容
广东省	以省人民政府办公厅名义发布的规范性文件
广西壮族自治区	自治区人民政府办公厅制定的规范性文件
湖南省	省人民政府办公厅向社会公开发布的涉及公民、法人和其他组织权利义务、具有普遍约束力的文件
江西省	省人民政府授权其办公厅发布的决定、命令、规定、细则、办法、意见等规范性文件
黑龙江省	省人民政府授权其办公厅发布的决定、命令、规定、细则、办法、意见等规范性文件
福建省	经省人民政府批准以省政府组成部门、办事机构、直属机构名义发布的规范性文件
山西省	以省级人民政府办公厅文件发布的人民政府作出的办法、规定等
吉林省	以省人民政府办公厅文件形式发布的人民政府制定的办法、规定等规范性文件

8. 关于下级人民代表大会及其常务委员会的规范性文件。根据《监督法》第 29 条的规定，需要报省级人大常委会备案审查的是下一级的人大常委会的决议、决定。31 个省份的地方性法规文本中，也都明确规定下一级人民代表大会及其常务委员会作出的决议、决定需要报送省级人大常委会备案审查，这是没有争议的。除此之外，我们还看到，有一些省份将市、县一级人大及其常委会的决议和决定也纳入到了省级人大常委会的备案审查范围，这

属于跨两级的备案审查。（见表7）

表7

省份	内容
内蒙古自治区	各盟辖旗县级人民代表大会常务委员会制定的决议、决定
贵州省	地区内的县级人民代表大会及其常务委员会作出的决议、决定
新疆维吾尔自治区	生产建设兵团建制市人民代表大会及其常务委员会作出的决议、决定
海南省	市、县、自治县人大及其常委会作出的决议、决定

9. 关于监察委员会的规范性文件。2018年3月11日，第十三届全国人民代表大会第一次会议通过宪法修正案，在《宪法》第三章"国家机构"增写第七节"监察委员会"，3月20日通过《中华人民共和国监察法》（以下简称《监察法》）。监察委员会，作为行使国家监察职能的专职机关，对产生它的国家权力机关（本级人民代表大会及其常务委员会）和上一级监察委员会负责，并接受其监督。省级人大常委会对省级监察委员会的监督，从理论上讲，与对同级政府、法院、检察院等国家机关的监督并无区别，都包含了对这些机关的规范性文件的监督，也就是说，省级人大常委会也有权对省级监察委员会的规范性文件进行备案审查。以《监察法》的通过时间2018年3月20日为考察起点，全国31个省份中，只有广东和黑龙江两个省份制定了规范性文件备案审查条例。其中，广东省的地方性法规未涉及监察委员会的内容，黑龙江省的地方性法规则明确将省监察委员会的规范性文件纳入到省级人大常委会的备案范围。（见表8）

表8

省份	法规名称	公布时间	内容
黑龙江省	《黑龙江省各级人民代表大会常务委员会规范性文件备案审查条例》	2018年8月24日	省监察委员会制定的指导、规范监察工作的规范性文件

10. 关于省级国家机关联合发布的规范性文件。此种规范性文件与前述其他规范性文件的区别在于，文件的签署主体有两个以上。实践中，联合发文比较常见，既有政府职能部门之间的联合发文，也有党组织和政府的联合发文，还有司法机关与行政机关的联合发文。31 个省份的地方性法规文本中，有 3 个省份的文本对联合发文作了规定。这 3 个地方性法规文本中，广东省和黑龙江省的地方性法规是 2018 年新制定的，新疆维吾尔自治区的地方性法规是 2017 年修订的。需要说明的是，新疆维吾尔自治区将地方"两院"与自治区政府职能部门的联合发文纳入到自治区人大常委会的备案审查范围，并非 2010 年首次制定地方性法规时就规定的，而是在 2017 年修订地方性法规新增的条款。由此可见，最近几年，越来越多的省份已经开始注意到了对联合发布的规范性文件的备案审查。（见表 9）

表 9

省份	制定时间	内容
新疆维吾尔自治区	2010 通过、2017 修订	自治区高级人民法院、自治区人民检察院与自治区人民政府职能部门联合发布的意，见、规定、办法等规范性文件
广东省	2018	省高级人民法院、省人民检察院会同有关国家机关制定的规范审判、检察工作的意见、规定、办法、指引等规范性文件
黑龙江省	2018	省监察委员会、高级人民法院、省人民检察院与省级人民政府职能部门联合发布的意见、规定、办法等规范性文件

二、省级人大常委会规范性文件备案审查认定标准的理论分析

从理论上讲，规范性文件的认定标准，是一个非常重要的问题，只有标准正确并适当，才能以此为基础对纳入备案审查范围的规范性文件作出正确且适当的判断，当然，规范性文件的认定标准，也是一个非常有难度的问题。早在 2002 年 9 月，国务院法制办就在合肥召开了全国备案工作座谈会，会议上，国务院法制办公室的领导应一线工作人员的要求，提出过鉴别规范性文

件的三标准：外部性、规范性和一体遵循性，但很显然，如我们今天所看到的，这个难题至今还没有得到有效解决。上海市的规范性文件备案审查工作一直走在全国的前列。上海市人大在全国率先提出，规范性文件是指"涉及公民、法人和其他组织的权利义务，并具有普遍约束力，在一定期限内可以反复适用"的文件。这一概念中包含的三个认定标准，一度得到了全国人大肯定，全国人大要求各地人大"沿着这个路子继续探索实践"。通过前文的分析可知，31个省份的地方性法规文本，除了没有采取任何认定标准的4个省份，其余27个省份的法规文本，均一致性地采取了普遍适用性标准，认为规范性文件应当在一定区域内具有普遍约束力；在27个省份中，有20个省份的地方性法规均采取了外部性标准，即认为规范性文件应当具备"涉及公民、法人和其他组织权利义务"这一特征；其中13个省份的地方性法规文本采取了反复适用性标准，认为规范性文件应当是在一定时期内可以反复适用的。

本书认为，从设定规范性文件认定标准的目的来看，最直接的目的显然是用这些标准将纳入备案审查范围的文件与不需要纳入备案审查范围的文件区分开来，比如，国家机关对某一个公务员的惩戒决定、人民代表大会的某一个人事任免决定、行政机关向上级的请示制度等，因为这些文件与普通的公民、法人或其他组织没有直接关系，所以就不必由人大常委会进行备案审查；再如，某公安局对违章驾车者的罚款处罚决定，虽然这个文件与普通公民有直接利害关系，但是，对这个文件，被处罚者可以通过行政复议、行政诉讼等方式进行权益救济，而不必开启人大常委会的救济渠道。因为，人大常委会备案审查制度，不是一般的救济制度，而是对它有权监督的国家机关的一种特殊的监督制度。而且，并不是说人大常委会对其他国家机关的内部工作制度、报告制度、请示制度就没有监督权，而是说，人大常委会的监督范围也要考虑事项的重要程度、自身的工作量等因素，不能把其他国家机关的所有文件都纳入到监督范围。从理论上讲，纳入到备案审查范围的规范性文件认定标准，既要考虑到文件的规范性，还要考虑到人大常委会的监督对象因素（比如，党委的规范性文件就不适合纳入到人大常委会的监督范围），也要考虑到人大常委会的工作能力，这些因素都要综合考虑。就上海市而言，纳入到市人大常委会备案审查范围的规范性文件，应该具备以下四个标准：

（一）外部性标准

外部性标准，是从文件的调整对象角度出发，以一份文件所规定内容涉及的对象来判断文件性质。如果一份文件的调整对象是行政机关、财政拨款单位及其所属人员以外的普通的公民、法人或者其他组织，文件所规定的内容涉及普通公民、法人或其他组织的权利和义务，则这份文件就有可能是应纳入备案审查范围的规范性文件。反之，国家机关代表国家对隶属于自身的组织、人员进行人事、财务、外事等方面管理而制作的文件，从性质上看，并不涉及普通的公民、法人或其他组织的权利义务，不具有"外部性"，就属于内部文件，一般来说就不必报人大常委会备案审查。

纯粹的内部文件一般并不影响国家机关以外的公民、法人和其他组织的权益，而备案审查的主要目的之一是规范国家机关的文件制定权，并保障公民、法人和其他组织的合法利益，因此，作为备案审查对象的规范性文件应当是适用于国家机关之外的文件，只作用于国家机关内部的文件并不属于备案审查的范围。如前所述，贵州、湖北和广东等3个省份都在地方性法规中明确将规范本机关、本系统的内部工作制度、内部管理制度的文件排除在了备案审查范围之外，其依据就是外部性标准。具体而言，内部文件所涉及的事项有很多，无法完全列举，但从实践中所积累的经验来看，以下事项基本上都属于内部文件所规范的内容：机关人事、后勤、财务、外事、保密；执法考评、监督检查、责任追究；机关内文件流转程序、办理时限、呈批手续；办事时间、办事地点的公示；教育培训、考评奖惩；技术规程等。

在各省份的地方性法规文本中，对外部性标准所使用的词语表达是"涉及公民、法人和其他组织的权利、义务"，此处应着重从两个方面说明一下这个表述。

第一，"涉及公民、法人和其他组织的权利、义务"，主要是指直接或间接地对公民、法人或者其他组织作出禁止性、允许性、强制性的规定以及相应的权利、义务或责任，也就是直接或者间接规定公民、法人或者其他组织可以做什么、不可以做什么、必须做什么，应该怎么做、不应该怎么做、必须怎么做，可以获得哪些利益、应当承担哪些义务，履行了义务能够得到什么、不履行义务会承担哪些不利后果，等等。

第二，"涉及"一词，在理论和实践中存在争议。"涉及"的含义是否可以仅仅理解为"直接规定"，而不包含"间接规定"或"间接影响"？事实上，有些文件在形式上只是允许、禁止或命令国家机关内部机构或人员作为或不作为，但这种作为或不作为的作用对象却是公民、法人和其他组织，后者变相地承担了作为或不作为的后果。例如，某政府部门的文件，规定的是系统内或一定行政区域内行政机关的工作规程、工作程序、工作方式，但内容涉及公民、法人或其他组织必须具备的条件、提交的材料、遵守的程序等事项。如果此种文件不纳入到备案审查范围，显然是背离了人大常委会的监督初衷的。所以，应该将"涉及"这个词作广义理解，不管文件是直接还是间接影响到了公民、法人和其他组织的权利、义务，不管文件是直接还是间接地设立、改变或废除了公民、法人和其他组织的法律地位，都应当将文件认定为外部文件并纳入到人大常委会的备案审查范围。

（二）普遍适用性标准

普遍适用性，也就是普遍约束力，是指规范性文件所规定的内容，在制定主体所管辖的区域范围内对符合特定条件或者情形的不特定的公民、法人或其他组织都有效力、都适用，而不是只适用于特定的或者个别的公民、法人或其他组织。规范性文件的普遍适用性源于规范性文件所设定权利和义务的概括性，规范性文件所设定的权利、义务、责任不是针对某一个人或某一件事，而是将管辖范围内的所有的同类人或者所有的同类事抽象出来，并为这些人或事设定同样的权利、义务和责任，只要是符合条件的人，都要受该文件的约束，只要是符合条件的事，也都要受该文件的规制。例如，内容为"挂外地车牌的车辆在高峰时段禁止上高架"的文件，所针对的人是不特定的，无法确定到张三、李四还是王五身上，所以，该文件就具有普遍适用性，是规范性文件。反之，一份文件，如果所针对的人是一个人或者特定的几个人，哪怕是特定的多数人，如针对某一个小区的拆迁文件，虽然针对的人有几百个，但是，由于这份文件所针对的人是特定的，是能够列举出来的，所以，拆迁文件就不是规范性文件。对一份文件是否具有普遍适用性进行判断，可以从该文件制定时适用对象的数量和特征等具体信息是否已经确定来进行。文件制定时，如果已经确定地知道主体的精确数量和典型特征，则该文件不是规范性文件；反之，如果主体的数量需要进一步的统计或确认才能知悉，或者尚不知晓具体主体信息，通常判断为规范性文件，具有普遍适用性。实践中，针对具体问题、特定事项的批复、答复通常不具有普遍适用性，一般不属于规范性文件。

纳入到人大常委会备案审查范围的文件应当是具有普遍约束力的规范性文件。这已经被我国的地方立法实践予以承认。如前文所述，31 个省份的地方立法文本中，除了安徽、海南、四川、辽宁等 4 个省份的地方性法规没有规定任何的认定标准，其余 27 个省份均一致性地采取了普遍适用性标准，足以说明这一标准是最得到一致认可的。

（三）反复适用性标准

反复适用性，是指规范性文件在生效以后、失效之前的整个时间段内，对同类事项都有效，可多次适用，而不是只适用一次。这种反复适用性，在某种意义上，也是指规范性文件是适用于将来时空内的人或事的文件，而不是针对过去某一个时间段的人或事，因为过去时间内发生的事件具有固定性、事件的主体具有封闭性，一个文件所包含的规范如果是个别规范，即它决定一个人或一群人在一个不重复发生的状态下的行为，从而只对一个特殊场合、事件才有效，那么这个文件也只可能被服从和适用一次，所以适用于过去的文件在理论上不可能是规范性文件。规范性文件必定是可以反复适用、实施的文件，即具有长效性的文件。

规范性文件的反复适用性，根源于其内容是一般规范，即不是针对一个单独的、不重复发生的事件，而是指针对一整批同样的事件，其意义是当某种条件具备时，某类现象就应当或可能发生。对于规范性文件备案审查制度来说，其目的肯定不是针对一个已经发生过、以后不再发生的文件进行审查，其目的恰巧是对于已经存在的、未来会继续存在，并且会反复对公民、法人或其他组织具有约束力的文件的一种监督，以使整个国家的法的体系保持统一，并充分保障公民、法人或其他组织的合法权益。

（四）公开性标准

公开性，是指规范性文件的制定主体在一定期间内，用法定的方式将其公之于众。公开发布，是规范性文件的最后一道程序，也是规范性文件生效的必要条件。公开性标准，在规范性文件的认定标准中具有独立的地位和价值，任何规范性文件未经公布或公布的形式要件有所欠缺，该文件都不应当生效，也就不能对公民、法人或其他组织产生普遍的约束力。同时，也只有经过公布，规范性文件的制定过程才告结束。在古代不成文的习惯法时期，统治者凭借秘而不宣的非成文法的垄断以维护其司法特权，从而进一步维护其政治、经济上的特权，使法律变幻莫测，使臣民常怀恐惧之心。法律的内容是什么，这种内容的法律如何实施，完全取决于统治者随心所欲地解释。而在现代法治社会，公开已经成为了法治的要素之一，《立法法》明确将公开作为法律、法规和规章的一个必经的程序，不公开发布，则不能生效。但是，对其他规范性文件，仍然缺乏法律层面的严格要求。这导致实践中出现很多难以置信的事件。据报道，在 2013 年，曾经发生过一起行政机关以未公布的行政规范性文件作为行政执法依据的案件。江苏一男子跨省购 105 条香烟自用被烟草专卖局没收，国家烟草专卖局官员表示，内部文件规定个人异地携带卷烟最高限量 50 条，该文件虽然不对外，但对公众有约束力。有学者统计了 2013 年"国办""国办发"文件的公开状况。在 51 件"国办"文件中，《国务院公报》只刊登了 39 件，缺 12 件，中央政府网站只发布了 43 件，缺 8 件，另有 2 件可以从地方政府网站搜索到标题，但有 6 件连文件名都无法获知。在 111 件"国办发"文件中，《国务院公报》只刊登了 62 件，缺 49 件，中央政府网站只发布了 65 件，缺 46 件，另有 37 件可以从地方政府网站和其他非正式渠道搜索到标题，但有 8 件连文件名都无法从网上获知。

公开性，是规范性文件生效的必要条件，反过来讲，没有公开发布的规范性文件，因为没有生效，所以也就没有必要由人大常委会备案审查。当然，并不是说我们对未经公开发布程序的规范性文件放任不管，一旦有国家机关依据未公布的文件作为或不作为而侵犯到公民、法人或其他组织的合法权益，受害者仍然可以通过行政复议、行政诉讼等方式救济自己的权益，并在这些救济程序中，由有关国家机关对该文件进行审查。

作为备案审查制度中的规范性文件的认定标准之一的公开发布标准，正逐渐地在实践中得到更多的关注和认可。2015 年 5 月 28 日，甘肃省天水市四届人大常委会第十八次会议闭幕后，全国人大常委会法制工作委员会副主任郑淑娜应邀为出席该次会议的常委会组成人员和列席人员、区县人大常委会负责人等主讲《立法法和备案审查相关知识》，在专题讲座上就明确指出，规范性文件"应当是公开发布的文件。单位内部的文件，标有密级的文件，不应当纳入备案范围。"在地方立法实践中，如前文所述，以 2015 年作为考察的开始时间点，截至 2020 年为止，共有 9 个省份新制定了备案审查的地方性法规，其中包括山西、河北、西藏、宁夏、广东等 5 个省份采用了"公开发布"标准，足见公开性标准已经得到了地方立法机关的认可和重视。

三、省级人大常委会规范性文件备案审查的范围——以上海市为例

科学界定备案审查的范围，是备案审查制度建设的根本性问题，也是开展备案审查工作的前提。对备案审查范围的界定，要根据实际情况作出具体判断，既要把握实质、体现立法原义和立法精神，又要站位全局、明确导向，以维护人民利益为根本，同时，还要考虑到中央的法律规定以及其他省份的地方性法规文本和实践操作的经验。前文通过对《监督法》和 31 个省份的地方性法规文本的比较分析，我们能够看到，很多省份对于纳入省级人大常委会备案审查范围的规范性文件，持越来越开放的态度，随着时间的推移，将更多数量的、更多形式和种类的规范性文件，如地方"两院"的规范性文件、监察委员会的规范性文件等，纳入到备案审查范围。如前所述，上海市的备案审查工作一直走在全国的前列，其对规范性文件的范围认定，也得到了中央的认可和表扬，所以，本书以上海市为例，结合前文所列的四个认定标准，并综合考虑上海市的实际情况以及其他省份的备案审查经验，逐一分析和判断人大常委会在备案审查工作中所面临的规范性文件的具体范围。

《上海市人民代表大会常务委员会关于规范性文件备案审查的规定》（以下简称《上海市规定》）于 2012 年 4 月 19 日通过，并于同年 7 月 1 日开始实施（已于 2021 年失效），至 2020 年已有 8 年多的时间。在此段时间里，上海市的规范性文件备案审查工作进展得相对来说非常顺利，也取得了很大的成绩。但是，在这 8 年里，对于规范性文件备案审查而言，党和国家的政策发生了很大的变化，上海市人大常委会在备案审查工作中也不断地面临着新的问题和需求。所以，应当对备案审查范围做一个新的梳理，没有争议并且

已经比较成熟的予以保留，对不合理的地方予以修正，对新的需求予以增加。从而与时俱进，使人大常委会的监督职能发挥得更好，也使上海市的地方法治建设更加完善，更要使公民、法人和其他组织的合法权益得到更好的保护。

（一）应予保留的规范性文件

《上海市规定》第 3 条列举了五类备案审查范围，包括：市人民政府规章；市人民政府发布的决定、命令；本市地方性法规授权市人民政府及其相关工作部门制定的与本市地方性法规相配套的规范性文件；区、县人民代表大会及其常务委员会作出的决议、决定；依法应当向市人大常委会报送备案的其他规范性文件。其中，有三类应不加改动地保留下来，即"市人民政府规章"、"本市地方性法规授权市人民政府及其相关工作部门制定的与本市地方性法规相配套的规范性文件"和"依法应当向市人大常委会报送备案的其他规范性文件"。上海市是一个省级行政区域，上海市人大常委会作为省级人大常委会，对省级人民政府的行政规章进行监督，符合《宪法》《地方组织法》《监督法》《立法法》的规定，没有任何可争议之处；至于"本市地方性法规授权市人民政府及其相关工作部门制定的与本市地方性法规相配套的规范性文件"，该规范性文件来源于上海市人大或者人大常委会的授权，由人大常委会进行监督也符合法的要求；至于"依法应当向市人大常委会报送备案的其他规范性文件"，也应该保留下来。从立法技术的角度讲，有的列举可以是周延式的列举，有的列举却不能达到完全列举，这种情况下，一般都会采用兜底条款的形式应对未来可能发生的不确定的各种变化，这几乎已经是立法通例，尤其是在列举有关于范围的问题时，《中华人民共和国行政复议法》（以下简称《行政复议法》）、《中华人民共和国行政诉讼法》等法律在列举行政复议的范围、行政诉讼的范围时，也都是在最后一项使用这种兜底条款。事实上，即使我们不修订《上海市规定》，我们也可以说上海市人大常委会是可以要求地方"两院"报备其规范性文件的，因为这符合《上海市规定》第 3 条所列备案审查范围的第五项"依法应当向市人大常委会报送备案的其他规范性文件"。

（二）关于"市人民政府发布的决定、命令"和"区、县人民代表大会及其常务委员会作出的决议、决定"

《上海市规定》第3条明确列举了"市人民政府发布的决定、命令"应当报送市人大常委会备案审查的情形，这符合人大常委会的监督权力的原理和要求，也符合《监督法》的规定。《监督法》明确规定各级人民政府发布的不适当的"决定、命令"应当接受本级人大常委会的备案审查监督。但问题是，地方各级人民政府发布的规范性文件岂止决定、命令这两种形式。地方人大常委会是否只能审查"决定、命令"这两种规范性文件？关于此问题的回答存在着很大的分歧。一种观点认为，地方人大常委会不能够备案审查除"决定、命令"之外的规范性文件。因为国家机关权力的行使必须有法律方面的依据，否则就属于越权行使，而我国没有一部法律赋予地方人大常委会备案审查除"决定、命令"之外的规范性文件的权力。另一种观点是，根据我国法律设立备案审查制度的目的来看，是为了监督有关机关的权力的行使，所以在备案审查过程之中，审查对象不能局限于"决定、命令"，不能生硬地依照法律只看文件形式而忽略文件实质内容。那么，"决定、命令"究竟是指文种还是个集合概念？界定标准是以形式要件为准还是以实质要件为准？

根据《国家行政机关公文处理办法》的规定：决定"适用于对重要事项或者重大行动做出安排，奖惩有关单位及人员，变更或者撤销下级机关不适当的决定事项"；命令"适用于依照有关法律公布行政法规和规章；宣布施行重大强制性行政措施；嘉奖有关单位及人员"；公告"适用于向国内外宣布重要事项或者法定事项"；通告"适用于公布社会各有关方面应当遵守或者周知的事项"；通知"适用于批转下级机关的公文，转发上级机关和不相隶属机关的公文，传达要求下级机关办理和需要有关单位周知或者执行的事项，任免人员"；批复"适用于答复下级机关的请示事项"；意见"适用于对重要问题提出见解和处理办法"。由上述条文看出，各种公文对应着不同的事项，如果政府的其他规范性文件能够完全按照《国家行政机关公文处理办法》的规定来执行，那我们就可以通过文件所采用的名称来判断其是否应接受备案审查，比如，"通知"这种文件，如果只是任免人员、转发上级机关和不相隶属机关的公文，那么就没必要接受备案审查。但是，事实上，各级政府在使用文件名称的时候，并不规范，而且，实践中，以决议、决定或命令的形式颁布的文件数量相对较少，且这些文件都有比较严密的程序，是经过政府法制部门再三审核的，问题相对较少，而"通知、办法、规定"之类的文件，却是大量的，而且很多是没有经过政府法制部门审核的，存在的问题更多，对其进行备案审查更显必要。如果仅仅依照文种名称来简单地界定规范性文件的备案审查的范围，则可能出现行政机关为避免审查而"偷梁换柱"，将本应属于备案审查范围的文件"更名改姓"，使与决定、命令有着同样实质内容的指示、公告、通告、通知、批复、函、会议纪要等文件"逍遥法外"，进而出现有备案审查价值的规范性文件漏报、瞒报以逃避审查的状况，从而使规范性文件备案审查制度出现职能模糊、对象不明的问题，最终导致备案审查工作流于形式，甚至根本难以开展。

同理，"区、县人民代表大会及其常务委员会作出的决议、决定"也应做此种理解。

所以，本书认为，《上海市规定》所列举的市人民政府发布的"决定、命令"和区、县人民代表大会及其常务委员会所作出的"决议、决定"，不能限于文种概念来理解，不应限于形式要件，而更要以实质要件为评判标准。即凡是涉及权利义务，具有普遍约束力，在一定时期内反复使用，符合规范性文件实质要件的，不管是以决定、命令的形式，还是以公告、通告、通知、批复、意见等规范性文件形式出现，都要列入备案审查的范围。

（三）关于上海市人民政府办公厅的规范性文件

《国家行政机关公文处理办法》第 7 条、第 15 条规定："各级行政机关的办公厅（室）是公文处理的管理机构，主管本机关的公文处理工作并指导下级机关的公文处理工作"，"部门内设机构除办公厅（室）外不得对外正式行文"。据此，政府办公厅（室）可以对外正式行文，且行文代表本级政府，其对外公布的规范性文件，效力等同于本级政府制定的规范性文件。从实践来看，政府办公厅制发的文件数量可观，其制定的规范性文件相比于政府的规范性文件，往往不需要法制部门的论证、审核，所以，往往存在大量的问题。办公厅的规范性文件是否纳入到备案审查范围，还是比较受社会关注的，实践中，也经常出现涉及办公厅规范性文件的案例。以江苏省为例，2018 年 2

月，有公民向省人大常委会提出审查建议，认为江苏省政府办公厅于 2016 年 11 月 23 日颁布并实施的《江苏省政府办公厅关于明确行政复议时效的通知》中第 2 项"因不动产申请行政复议的案件，自具体行政行为作出之日起超过 20 年的，其他案件自具体行政行为作出之日起超过 5 年的，行政复议机关不予受理"的规定违反了行政复议法等相关法律规定，减损相对人合法权益，应当依法撤销。该通知不仅在省内行政系统中适用，法院也将其作为立案、判决依据，对行政相对人的权益产生极大影响，将此类规范性文件纳入审查范围更为合理。

就政府办公厅制发的规范性文件而言，应做区分。如果文件涉及行政机关内部的人员组成、会议制度等内容，可以不报人大常委会备案审查，如《上海市人民政府办公厅关于调整上海佘山国家旅游度假区管理委员会组成人员的通知》（沪府办［2019］84 号，2019 年 07 月 25 日发布）、《上海市人民政府办公厅关于调整上海市滩涂造地工作联席会议组成人员的通知》（沪府办［2019］86 号，2019 年 7 月 25 日发布）、《上海市人民政府办公厅关于建立上海市社会救助工作联席会议制度的通知》（沪府办［2019］48 号，2019 年 5 月 27 日发布）。但是，部分以办公厅名义制发的文件，在文件正文部分出现"经本级人民政府同意（批准）""经本级党委、政府同意（研究同意）""经政府常务会议通过或经政府常务会议研究同意"等授权性字样，实际内容涉及对外行政管理，并涉及公民、法人和其他组织的权利和义务的，必须报人大常委会备案审查。

如前所述，很多省份已经注意到了对办公厅发布的文件的审查制约。在考察的 31 个省份的地方性法规文本中，有 8 个省份将其政府办公厅的规范性文件纳入到了省级人大常委会的备案审查范围。当然，在表述上存在着差异，如广东、广西、湖南等 3 个省份直接表述为省级政府办公厅发布的文件；江西、黑龙江、福建等 3 个省份则强调省政府授权或批准的情况下由办公厅（办事机构）发布的文件；山西、吉林等 2 个省份则明确强调这种以办公厅形式发布的文件是省人民政府制定的。相对来说，江西、黑龙江、福建等 3 个省份的表述更为合理、准确，《上海市规定》在未来修订时，对纳入上海市人大常委会备案审查范围的规范性文件，可以考虑加入一项"市人民政府授权其办公厅发布的决定、命令、规定、细则、办法、意见等规范性文件"。

（四）关于地方"两院"的规范性文件

对于地方"两院"发布的司法性质文件，理论界的称谓并不一致，至今没有一个统一的名称。范愉称其为"地方法院的规范性解释"[1]，于同志称其为"地方性司法指导意见"[2]，侯丹华称其为"法院审判业务指导文件"[3]，黄金荣、姚魏等称其为"规范性文件"[4]，董鸣称其为"我国地方法院的审判规范指导"[5]。地方各级人民法院对法院所制定的相关司法文件的命名也各有不同，如天津市高级人民法院、福建省高级人民法院在其法院公报上印制的是"司法文件"，广州市中级人民法院在其官网上称呼为"审判指导意见"，更多的是和北京市高级人民法院一样公布为"规范性文件"。最高人民法院在 1987 年 3 月 31 日对广西壮族自治区高级人民法院所作的《最高人民法院关于地方各级法院不宜制定司法解释性质文件问题的批复》中规定，"…具有司法解释性的文件，地方各级法院均不应制定"，可见，"司法解释性文件"这个称呼，不能用来指称地方"两院"的司法文件；2012 年 1 月 18 日，"两高"联合发布《最高人民法院、最高人民检察院关于地方人民法院、人民检察院不得制定司法解释性质文件的通知》，再次重申，"地方人民法院、人民检察院一律不得制定在本辖区普遍适用的、涉及具体应用法律问题的'指导意见'、'规定'等司法解释性质文件，制定的其他规范性文件不得在法律文书中援引"。从官方的称呼来看，地方"两院"的司法文件是指"司法解释性质文件"之外的"其他规范性文件"，而"司法解释性质文件"，地方"两院"是无权制定的，若其制发"司法解释性质的文件"，当然是无权的，无效的。所以，本书用"规范性文件"一词来指称地方"两院"所制定

---

〔1〕 参见范愉：《关于法律解释的几个问题》，载江伟主编：《民事审判制度改革研究》，中国政法大学出版社 2003 年版，第 547 页。

〔2〕 参见于同志：《刑法案例指导：理论·制度·实践》，中国人民公安大学出版社 2011 年版，第 158 页。

〔3〕 参见侯丹华：《法院审判业务指导文件功能探析》，载《上海政法学院学报》2011 年第 6 期。

〔4〕 参见黄金荣：《"规范性文件"的法律界定及其效力》，载《法学》2014 年第 7 期；参见姚魏：《地方"两院"规范性文件备案审查的困局与纾解——以法律效力为中心的制度建构》，载《政治与法律》2018 年第 11 期。

〔5〕 参见董鸣：《我国地方法院审判规范指导发展机理研究》，载《法律适用》2012 年第 1 期。

的司法文件。

如前文所述，虽然《监督法》并未将地方"两院"的规范性文件列入备案审查范围，但是，从党中央和国家近几年的态度看，将所有的规范性文件纳入到备案审查范围，已经是大势所趋。据悉，《全国人民代表大会常务委员会备案审查工作规范（试行）》近期正在征求意见过程中，征求意见稿附则规定，地方各级人大常委会对于……本行政区域内同级人民法院、人民检察院制定发布的规范性文件，参照本工作规范开展备案审查。而在此前，天津、安徽、新疆、广东、广西、江西、黑龙江、河南、陕西等 9 个省份的地方性法规，已经明确将地方"两院"的规范性文件纳入到省级人大常委会的备案审查范围。由此可以看出，地方"两院"规范性文件纳入到人大常委会备案审查范围，基本上已经不存在障碍，目前急需解决的问题是，地方"两院"所发布的哪些规范性文件需要报请人大常委会备案审查。

通过北大法宝进行搜索，上海市地方"两院"单独发布或与其他部门联合发布规范性文件总计 365 件。通过梳理，笔者发现：

1. 从名称上看，这些文件的形式极其丰富，从大类上，共使用了 17 种形式名称，包括规定、办法、意见、公告、通知、规则、细则、规范、规程答复、指引、指南、方案、问题解答、问答通报、备忘录、约定、纪要。其中，规定又包括了规定、若干规定、暂行规定等 3 种小类的名称，办法包括了管理办法、暂行办法等 2 种小类名称，意见则包括了工作意见、若干意见、指导意见、实施意见、基本意见、试行意见、处理意见等 7 种小类名称，通知包括了通知、补充通知等 2 种小类名称，细则包括了实施细则、补充细则等 2 种小类名称，纪要包括了审判纪要、会议纪要、会商纪要、座谈纪要、讨论纪要、研讨纪要等 6 种小类名称。合计使用了 35 种文件名称。（见表 10）当然，这些名称实际上并不规范，同一名称的文件，其规范的内容在性质上并不相同或相近，而相同或相近内容和性质的文件，使用的却是不同的名称。所以，我们认为，很难从文件的形式名称上确定哪些文件应该纳入备案审查范围，从规范性文件备案审查范围的角度讲，这些文件名称，至多只具有参考作用。

表 10 上海市地方"两院"规范性文件名称一览表

名称	典型文件
规定 （规定、 若干规定、 暂行规定）	上海市高级人民法院关于调整本市法院刑罚变更执行案件管辖的规定（2018 年公布）
	上海市高级人民法院关于网上立案、电子送达、电子归档的若干规定（试行）（沪高法〔2019〕76 号，2019 年 2 月 27 日公布）
	上海市高级人民法院关于委托医疗损害司法鉴定若干问题的暂行规定（沪高法〔2010〕364 号，2011 年 1 月 1 日公布）
办法 （管理办法、 暂行办法）	上海市高级人民法院人民陪审员管理办法（失效，2003 年 1 月 1 日公布）
	上海市高级人民法院、上海市司法局关于人民法院审理刑事案件指定律师辩护暂行办法（沪司发律管字〔1994〕第 106 号，1994 年 11 月 20 日公布）
意见 （工作意见、 若干意见、 指导意见、 实施意见、 基本意见、 试行意见、 处理意见）	上海市高级人民法院关于本市适用"两高"《关于办理诈骗刑事案件具体应用法律若干问题的解释》的工作意见（2014 年 4 月 15 日公布）
	上海市高级人民法院关于服务保障设立科创板并试点注册制的若干意见（2019 年 6 月 17 日公布）
	上海市高级人民法院关于审理融资租赁物权属争议案件的指导意见（试行）（2019 年 8 月 21 日公布）
	上海法院关于规范审判监督程序的实施意见（2018 年 11 月 30 日公布）
	上海市高级人民法院民事审判庭第三庭对当前知识产权审判中几个法律适用问题的基本意见（2008 年 3 月 25 日公布）
	上海市高级人民法院、上海市人民检察院、上海市公安局、上海市司法局关于刑事诉讼中外地籍被告人身份证明证据要求的试行意见（〔95〕沪公〔指〕73 号，1995 年 4 月 7 日公布）
	上海市高级人民法院关于房产案件若干争议问题的处理意见（2016 年 3 月 8 日公布）
公告	上海市高级人民法院关于上海金融法院履职的公告（2018 年 8 月 21 日公布）
通知 （通知、 补充通知）	上海市高级人民法院关于开展"胜诉退费"专项整改活动的通知（沪高法〔2018〕111 号，2018 年 4 月 10 日公布）
	上海市高级人民法院关于执行和解分期履行案件到位标的额信息输入问题的补充通知（沪高法执〔2006〕3 号，2006 年 3 月 7 日公布）
规则	上海法院网上立案审查工作规则（试行）（2008 年 12 月 1 日起实施）

名称	典型文件
细则 （实施细则、 补充细则）	上海破产法庭、上海铁路运输法院破产案件管辖实施细则（2019 年 6 月 4 日公布）
	上海法院委托拍卖工作操作规程（试行）补充细则（2005 年公布）
规范	上海市高级人民法院关于在民事裁判文书制作中援引法律条文若干问题的规范
规程	上海市检察机关捕诉合一办案规程（试行）（2018 年公布）
答复	上海市高级人民法院《关于人民法院审理事业单位人事争议案件若干问题的规定》的司法解释答复（沪高法民一［2003］39 号，2003 年公布）
指引	上海市高级人民法院知识产权审判庭关于常见知识产权犯罪的量刑指引（2019 年 6 月 28 日公布）
指南	上海市高级人民法院劳动争议案件审理要件指南（一）（2013 年公布）
方案	上海法院进一步推进法治化营商环境建设实施方案（2019 年 3 年 28 日公布）
问题解答	上海市高级人民法院关于在执行程序中审查和处理房屋租赁权有关问题的解答（试行）（沪高法［2015］75 号，2015 年 3 月 9 日公布）
问答	上海市高级人民法院刑二庭《刑事实务问答》（2006 年 5 月 24 日公布）
通报	上海市高级人民法院 2009 年度上海法院知识产权司法保护情况通报（2010 年 4 月 22 日公布）
备忘录	上海市高级人民法院、上海市民政局关于适用《离婚证明书》相关事项的工作备忘录（2019 年公布）
约定	关于法院司法委托鉴定收费标准和工作时限的约定（2006 年 1 月 23 日公布）
纪要 （审判纪要、 会议纪要、 会商纪要、 座谈纪要、 讨论纪要、 研讨纪要）	上海市高级人民法院海事审判纪要（2001 年 6 月 27 日公布）
	上海市高级人民法院、上海市人民检察院《第十次检、法联席会议纪要》（2011 年 3 月 29 日公布）
	上海市高级人民法院、上海市市场监督管理局关于企业注销若干问题的会商纪要（2019 年 7 月 2 日公布）
	上海市高级人民法院《关于办理非法行医刑事案件有关问题座谈会纪要》（2012 年 5 月 31 日公布）
	上海市高级人民法院劳动争议案件几个问题的讨论纪要（1998 年 4 月 1 日公布）
	上海市高级人民法院民事审判第一庭道路交通事故纠纷案件疑难问题研讨会会议纪要（2011 年 12 月 31 日公布）

2. 从文号和发文形式上看，如下表所示，也比较复杂。一是文号种类很多，如表 11 所示，有"沪高法""沪检发""沪高法审""沪高法民一""沪高法民二""沪高法民三""沪高法民四""沪高法民五""沪高刑一""沪高法刑二""沪高法行""沪高法立""沪高法执""沪检诉发""沪检法"等 15 种，从中可以看出，上海市高院、上海市检察院、"两院"的业务部门等，都可以成为发文主体。上海市高院和上海市检察院的规范性文件，一般应报人大常委会备案审查，但"两院"业务部门的发文，是否应纳入到备案审查范围，还不能一概而论，还要看所发文的内容。

二是还存在联合发文的情况，如表 12 所示，有高院和上海市检察院的联合发文、公检法司的联合发文、上海市检察院和上海市司法局的联合发文、高院和上海市司法局的联合发文、高院与上海市政府工作部门的联合发文，还有公检法司业务部门，如民庭、刑庭、审判监督庭、公安局监所工作管理处、检察院监所处、检察院公诉处、公安局治安总队、公安局法制办公室、公安局经侦总队的联合发文。公检法司以及政府工作部门的联合发文，一般应报人大常委会备案审查；但公检法司业务部门的联合发文，是否应纳入备案审查范围，则应当具体判断，如上海市公安局本身并不属于人大常委会备案审查的监督对象，而且，有的发文主体还是法制办、治安总队、经侦总队这些公安局的行政机构。

表 11　上海市地方"两院"规范性文件发文机关及文号一览表

发文主体		文号	典型文件
上海市地方"两院"	上海市高级人民法院	沪高法	上海市高级人民法院关于在互联网公开相关司法数据的若干规定（试行）（沪高法〔2019〕77 号，2019 年 2 月 27 日公布）
	上海市人民检察院	沪检发	上海市高级人民法院、上海市人民检察院关于印发《关于检察长列席审判委员会会议的若干规定》的通知（沪检发〔2005〕299 号，2005 年 12 月 20 日公布）
上海市高级人民法院审判委员会		沪高法审	上海市高级人民法院关于印发《上海市高级人民法院关于财产保全工作的规定》的通知（沪高法〔审〕〔2014〕3 号，2014 年 7 月 31 日公布）

发文主体		文号	典型文件
上海市高级人民法院业务部门	民事审判第一庭	沪高法民一	上海市高级人民法院民事审判第一庭关于处理道路交通事故纠纷若干问题的解答（沪高法民一［2009］9号，2009年6月22日公布）
	民事审判第二庭	沪高法民二	上海市高级人民法院关于商事审判中规范违约金调整问题的意见（沪高法民二［2009］13号，2009年12月9日公布）
上海市高级人民法院业务部门	民事审判第三庭	沪高法民三	上海市高级人民法院关于印发《关于开展著作权纠纷委托调解工作的意见（试行）》的通知（沪高法民三［2010］2号，2010年11月5日公布）
	民事审判第四庭	沪高法民四	上海市高级人民法院关于下发《涉外商事审判问答》的通知（沪高法民四［2006］1号，2006年3月6日公布）
	民事审判第五庭	沪高法民五	上海市高级人民法院民事审判第五庭关于印发《关于审理保险代位求偿权纠纷案件若干问题的解答（一）》的通知（沪高法民五［2010］2号，2012年9月19日公布）
	刑事审判第一庭	沪高刑一	上海市高级人民法院关于进一步规范移押工作的通知（沪高刑一［2005］17号，2005年9月1日公布）
	刑事审判第二庭	沪高法刑二	上海市高级人民法院刑二庭、上海市人民检察院公诉处关于印发《关于贩卖盗版光盘案件如何适用法律的意见（试行）》的通知（沪高法刑二［2006］1号，2006年1月16日公布）
	行政审判庭	沪高法行	上海市高级人民法院关于审理涉及无证驾驶机动车等三种情形工伤认定行政案件有关问题的意见（沪高法行［2007］9号，2007年11月12日公布）
	立案庭	沪高法立	上海市高级人民法院关于下发《〈诉讼费管理系统〉中若干操作使用问题的解答》的通知（沪高法立［2006］1号，2006年1月11日公布）
	执行庭	沪高法执	上海市高级人民法院关于印发《上海市高级人民法院关于限制被执行人出境若干问题的意见》的通知（沪高法执［2009］37号，2009年8月11日公布）
上海市人民检察院业务部门	公诉处	沪检诉发	上海市人民检察院关于检察机关二审期间办理提审手续的规定（沪检诉发［2004］76号，2004年12月7日公布）
	法律政策研究室	沪检法	上海市检察院关于印发《关于本市办理部分刑事犯罪案件标准的意见》的通知（2008年修改）（沪检法［2008］143号，2008年6月24日公布）

表 12 上海市地方"两院"联合发文情况一览表

联合发文主体		典型文件
上海市高院、上海市检察院		上海市高级人民法院、上海市人民检察院《第十一次检法联席会议纪要》（2011 年 10 月 28 日公布）
上海市高院、上海市检察院、上海市公安局、上海市司法局		上海市高级人民法院、上海市人民检察院、上海市公安局、上海市司法局关于印发《上海市社区服刑人员收监执行规定（试行）》的通知（沪司发〔2016〕70 号，2016 年 10 月 26 日公布）
上海市检察院、上海市司法局		上海市人民检察院、上海市司法局关于印发《上海市人民监督员选任实施办法》的通知（沪司发〔2016〕94 号，2016 年 11 月 10 日公布）
上海市高院、上海市司法局		上海市高级人民法院、上海市司法局关于印发上海市高级人民法院、上海市司法局《〈关于完善人民陪审员制度的决定〉的实施细则》的通知（沪高法〔2005〕42 号，2005 年 3 月 1 日公布）
上海市高院、上海市民政局		上海市高级人民法院、上海市民政局关于适用《离婚证明书》相关事项的工作备忘录（2019 年公布）
上海市人力资源和社会保障局、上海市高院		上海人力资源和社会保障局、上海高院关于劳务派遣适用法律若干问题的会议纪要（2014 年 12 月 31 日公布）
公检法司内设机构	上海市高院刑一庭、上海市高院刑二庭、上海市高院审判监督庭、上海市公安局监所工作管理处、上海市检察院监所处、上海市检察院公诉处	上海市高级人民法院、上海市人民检察院、上海市公安局、上海市司法局关于印发《关于轻伤害案件委托人民调解的若干意见》的通知（2006 年 5 月 12 日公布）
公检法司内设机构	上海市高院刑一庭、上海市高院刑二庭、上海市检察院侦查监督处、上海市检察院公诉一处、上海市公安局治安总队、上海市公安局法制办公室	上海市高级人民法院刑事审判第一庭、上海市高级人民法院刑事审判第二庭、上海市人民检察院侦查监督处等《关于专题研究打击家装领域部分"敲墙"人员违法犯罪案件的会议纪要》（2012 年 10 月 15 日公布）
	上海市高院民五庭、上海市公安局经济犯罪侦查总队	上海市高级人民法院民五庭、上海市公安局经济犯罪侦查总队《信用卡案件刑民交叉问题座谈会纪要》（2011 年 3 月 23 日公布）

3. 从内容角度对规范性文件作类别区分

（1）法律、法规、司法解释的实施类规范性文件

此类文件，其制发权有法律依据、司法解释依据或者最高人民法院的授权，制发内容严格依据上位法以及地方实际，如《〈关于常见犯罪的量刑指导意见（二）（试行）〉实施细则》《上海市高级人民法院关于本市适用"两高"〈关于办理诈骗刑事案件具体应用法律若干问题的解释〉的工作意见》，虽然不属于司法解释性质的文件，但由于其在"本辖区普遍适用"，程序上应该由审委会、检委会讨论通过，经过最高院或最高检审核同意，由高院、高检行文并向社会公开，全市人民法院、检察院遵守执行。因此，该类"规范性文件"应该纳入上海市人大常委会的备案审查范围。

（2）审判、检察业务类规范性文件

此类文件，是高院、高检及其内设机构制定和发布的，用于指导辖区内各级人民法院、检察院审判、检察业务工作的，关于案件审理、审判管理、监督等问题的规范性文件。此类文件，有一部分是针对审判和检察工作中的问题所作出的决定，如《上海市高级人民法院关于网上立案、电子送达、电子归档的若干规定（试行）》《关于行使担保物权所得价款优先受偿范围的统一裁判和执行尺度的操作意见指引》等，具有使某项工作的开展更细化、更具体、更明确、更规范、更可操作的特征，在对内有规范作用的同时，也会对外部产生直接或间接的影响，参与诉讼活动的主体都应该知晓遵守，因此，此类文件也应该接受同级人大监督，纳入人大常委会的备案审查范围；另一部分是法院、检察院、或者其内部工作部门"对法律适用和立法精神的理解"，或者法院组织的研讨会"对法律适用和立法精神的理解"，以问答形式、会议纪要形式制发的。"会议纪要"或者"座谈会纪要"是指记录、传达会议开展情况、会议讨论内容以及议定事项的一种司法公文，其重点一般是记录会议过程的文件，但在中国的司法语境下，却蕴含了新的表征意义，其主要不再是记录会议过程，而是其本身对会议内容的总结所凝结的法院的意志，并且为加强这种意志的约束力，其行文最后总要被冠之"各下级法院请参照执行"或者"结合审判工作实际，遵照执行。"在目前的错案责任追究机制的影响下，下一级法院的法官对上一级法院制定的规范性司法文件具有

较强的依赖心理。为了最大可能地不办错案，下级法院的法官通常会向上级法院对某一待决案件进行请示，或者对某一类型具有典型意义的案件的法律适用问题与上级法院法官进行座谈，这些请示往往就形成书面文件，即上级法院的批示或者座谈纪要等司法解释性质文件。所以，我们认为，"座谈纪要""会议纪要"等司法指导类文件，如《上海市高级人民法院行政审判庭关于工伤认定行政案件法律适用若干问题的解答（一）》《上海人力资源和社会保障局、上海高院关于劳务派遣适用法律若干问题的会议纪要》《上海市高级人民法院〈关于办理非法行医刑事案件有关问题座谈会纪要〉》等，在对审判和检察工作起指导作用的同时，也会对公民、法人和其他组织的权利和义务产生影响，应当纳入到备案审查范围。

（3）内部工作类规范性文件

此类文件，主要涉及下级司法机关的职责、司法系统的工作管辖、司法工作的安排和部署等问题。例如表13中的例如，《上海市高级人民法院关于上海金融法院履职的公告》，内容是上海市高级人民法院对于辖区内的各级地方法院和专门法院的职责确定和公布，属于高级人民法院的行政管理职权，是法院系统内部的职责确定；又如，《上海市高级人民法院关于基层人民法院知识产权审判庭统一审理知识产权民事、行政和刑事案件若干问题的规定（试行）》是关于案件在法院内部由哪一个审判庭来审理，对外而言，案件都是法院受理，文件只是对内的管理，规定了某一类案由在法院庭室之间如何分配。一般来讲，内部工作类规范性文件，只是法院系统、法院内部机构之间的职责规定和工作的安排，不具有对外的普遍约束力，也不涉及公民、法人或其他组织的权利和义务，因此，不必报人大常委会备案审查。

表13　上海市地方"两院"规范性文件类别一览表

类别		典型文件
法律、法规、司法解释的实施类规范性文件	根据最高人民法院要求出台的法律实施细则	《关于常见犯罪的量刑指导意见（二）（试行）》实施细则

类别		典型文件
法律、法规、司法解释的实施类规范性文件	根据"两高"司法解释要求出台的实施司法解释的意见	上海市高级人民法院关于本市适用"两高"《关于办理诈骗刑事案件具体应用法律若干问题的解释》的工作意见
	依法律公布的年度司法标准	上海市高级人民法院知识产权审判庭关于常见知识产权犯罪的量刑指引（2019 年 6 月 28 日公布）
审判、检察业务类规范性文件	针对审判、检察工作问题的规定	上海市高级人民法院关于网上立案、电子送达、电子归档的若干规定（试行）（沪高法［2019］76 号 2019 年 2 月 27 日公布）
		上海市高级人民法院关于在互联网公开相关司法数据的若干规定（试行）（沪高法［2019］77 号 2019 年 2 月 27 日公布）
		上海市高级人民法院关于审理政府提起生态环境损害赔偿民事案件的若干意见（试行）（2019 年 2 月 21 日公布）
		上海法院关于规范审判监督程序的实施意见（2018 年 11 月 30 日公布）
		上海市高级人民法院《关于行使担保物权所得价款优先受偿范围的统一裁判和执行尺度的操作意见指引》（2018 年 7 月 25 日公布）
	针对审判、检察工作问题的解答、问答、会议纪要	上海市高级人民法院关于在执行程序中审查和处理房屋租赁权有关问题的解答（试行）（沪高法［2015］75 号，2015 年 3 月 9 日公布）
		上海市高级人民法院行政审判庭关于工伤认定行政案件法律适用若干问题的解答（一）（2010 年 6 月 22 日公布）
		上海市高级人民法院刑二庭《刑事实务问答》（2006 年 5 月 24 日公布）
		上海人力资源和社会保障局、上海高院关于劳务派遣适用法律若干问题的会议纪要（2014 年 12 月 31 日公布）
		上海市高级人民法院、上海市人民检察院《第十次检、法联席会议纪要》（2011 年 3 月 29 日公布）
		上海市高级人民法院刑事审判第一庭、上海市高级人民法院刑事审判第二庭、上海市人民检察院侦查监督处等《关于专题研究打击家装领域部分"敲墙"人员违法犯罪案件的会议纪要》（2012 年 10 月 15 日公布）

类别		典型文件
审判、检察业务类规范性文件	针对审判、检察工作问题的解答、问答、会议纪要	上海市高级人民法院《关于办理非法行医刑事案件有关问题座谈会纪要》（2012 年 5 月 31 日公布）
		上海市高级人民法院民事审判第一庭道路交通事故纠纷案件疑难问题研讨会会议纪要（2011 年 12 月 31 日公布）
内部工作类规范性文件	下级法院职责规定	上海市高级人民法院关于上海金融法院履职的公告（2018 年 8 月 21 日公布）
		上海市高级人民法院《关于上海铁路运输法院集中管辖本市国有企业破产案件的通知》（2018 年公布）
	法院内部机构职责安排	上海市高级人民法院关于基层人民法院知识产权审判庭统一审理知识产权民事、行政和刑事案件若干问题的规定（试行）（2008 年 11 月 19 日公布）
	工作协作类文件	上海市高级人民法院、上海市司法局关于进一步完善本市司法鉴定管理与使用衔接机制的实施意见（沪司发〔2017〕84 号，2017 年公布）
	工作部署或要求	上海法院进一步推进法治化营商环境建设实施方案（2019 年 3 月 13 日公布）

（五）关于其他规范性文件纳入备案审查范围的展望和统一说明

本章第二部分，笔者详细对比分析了我国 31 个省份的相关地方性法规文本，在各有差异的比较中，可以看到，除了政府的规章、政府的决定和命令、地方性法规的配套性文件、下一级人大及其常委会的决议和决定等文件形式，被普遍纳入到备案审查范围，规范性司法文件、办公厅的规范性文件、监察委员会的规范性文件、联合制发的规范性文件等，也受到了广泛关注。根据党和国家最新的政策和规定以及各地方的备案审查实践，将市政府办公厅的规范性文件和地方"两院"的规范性文件纳入到备案审查范围是必然趋势。除此之外，笔者认为，从人大常委会的监督权理论和法治建设的发展所需来看，监察委员会的规范性文件以及国家机关之间的联合发文，也应当纳入到备案审查范围，党政联合发文，也应当引起我们的关注。

表 14　省级人大常委会规范性文件备案审查的认定标准和范围

序号	地方性法规名称	规范性文件的标准				规范性文件的范围	规范性文件的排除范围
		外部标准	普遍适用标准	反复适用标准	公开标准		
1	《江苏省各级人民代表大会常务委员会规范性文件备案审查条例》（2007 年通过、2020 年第一次修订、2024 年第二次修订）		具有普遍约束力			（一）省人民政府制定的规章；（二）省人民政府发布的具有普遍约束力的决定、命令；（三）较大的市的人民政府制定的规章；（四）较大的市的人民代表大会常务委员会对该市地方性法规的解释；（五）下一级人民代表大会及其常务委员会作出的具有普遍约束力的决议、决定。	
2	《浙江省各级人民代表大会常务委员会规范性文件备案审查规定》（2007 年）		具有普遍约束力			（一）省人民政府制定的规章；（二）省级人民政府公布的决定、命令；（三）较大的市的人民政府制定的规章；（四）下一级人民代表大会及其常务委员会作出的决议、决定；（五）其他应当报送备案的规范性文件。	

续表

序号	地方性法规名称	规范性文件的标准				规范性文件的范围	规范性文件的排除范围
		外部标准	普遍适用标准	反复适用标准	公开标准		
3	《辽宁省实施〈中华人民共和国各级人民代表大会常务委员会监督法〉办法》（2007年）					（一）省人民政府制定的规章；（二）省人民政府发布的决定、命令；（三）较大的市的人民政府制定的规章；（四）省人民政府依法对地方性法规在具体应用中的解释；（五）下一级人民代表大会及其常务委员会作出的决议、决定。	
4	《湖南省规范性文件备案审查条例》（2007年通过、2022年第一次修正、2024年第二次修正）	涉及公民、法人和其他组织权利义务	具有普遍约束力		公开发布	（一）省人民政府制定的规章；（二）省人民政府及其所属部门根据地方性法规的授权就地方性法规适用中的具体问题所作的规定；（三）省人民政府向社会公开发布的决定、命令以及其他涉及公民、法人和其他组织权利义务、具有普遍约束力的文件；（四）省人民政府办公厅向社会公开发布的涉及公民、法人和其他组织权	

序号	地方性法规名称	规范性文件的标准				规范性文件的范围	规范性文件的排除范围
		外部标准	普遍适用标准	反复适用标准	公开标准		
4						利义务、具有普遍约束力的文件； （五）长沙市人民政府制定的规章； （六）下一级人民代表大会及其常务委员会作出的决议、决定。	
5	《贵州省各级人民代表大会常务委员会监督条例》（2007年）		具有普遍约束力			（一）省人民政府制定的规章； （二）贵阳市人民政府制定的规章； （三）省人民政府作出的决定、命令以及其他规范性文件； （四）下一级人民代表大会及其常务委员会作出的决议、决定； （五）贵阳市人民代表大会常务委员会、民族自治地方人民代表大会常务委员会作出的关于地方性法规、自治条例、单行条例的解释； （六）地区内的县级人民代表大会及其常务委员会作出的决议、决定；	规范本机关、本系统内部工作制度、管理制度的文件，人事任免决定以及向上级行政机关的请示和报告等。

序号	地方性法规名称	规范性文件的标准				规范性文件的范围	规范性文件的排除范围
		外部标准	普遍适用标准	反复适用标准	公开标准		
5						（七）地区行政公署作出的决定、命令以及其他规范性文件。	
6	《福建省各级人民代表大会常务委员会规范性文件备案审查规定》（2007年）	涉及公民、法人和其他组织权利义务	具有普遍约束力			（一）省人民政府发布的决定、命令；（二）经省人民政府批准以省政府组成部门、办事机构、直属机构名义发布的规范性文件；（三）省人民政府对地方性法规具体应用问题的解释；（四）下一级人民代表大会及其常务委员会发布的决议、决定。	
7	《青海省各级人民代表大会常务委员会规范性文件备案审查条例》（2008年通过、2020年第一次修订、2024年第二次修订）		具有普遍约束力			（一）省人民政府制定的规章；（二）省人民政府发布的决定、命令；（三）西宁市人民政府制定的规章；（四）下一级人民代表大会及常务委员会的决议、决定；（五）其他应当报送备案的规范性文件。	

序号	地方性法规名称	规范性文件的标准				规范性文件的范围	规范性文件的排除范围
		外部标准	普遍适用标准	反复适用标准	公开标准		
8	《天津市人民代表大会常务委员会和区县人民代表大会常务委员会审查监督规范性文件办法》（2008年）		具有普遍约束力			（一）市人民政府制定的规章； （二）市人民政府制定的具有普遍约束力的其他文件； （三）市高级人民法院、市人民检察院为执行法律、法规和司法解释而制定的具有普遍约束力的文件； （四）区、县人大及其常委会作出的决议、决定或者具有普遍约束力的其他文件。	
9	《山东省各级人民代表大会常务委员会规范性文件备案审查规定》（2008年通过，2017年修正）	涉及公民、法人和其他组织权利、义务	具有普遍约束力			（一）省人民政府制定的规章； （二）省人民政府及有关部门对省级人大及其常委会制定的地方性法规具体应用问题所作的解释； （三）省人民政府及有关部门根据地方性法规的委任性规定对某一事项所作的具体规定； （四）较大的市的人民政府制定的规章； （五）较大的市的人	

续表

序号	地方性法规名称	规范性文件的标准				规范性文件的范围	规范性文件的排除范围
		外部标准	普遍适用标准	反复适用标准	公开标准		
9						民政府及有关部门对本级人大及其常委会制定的地方性法规具体应用问题所作的解释; (六)较大的市的人民政府及有关部门根据地方性法规的委任性规定对某一事项所作的具体规定; (七)下一级人大及其常委会作出的具有普遍约束力的决议、决定。	
10	《内蒙古自治区各级人民代表大会常务委员会规范性文件备案审查程序的规定》（2009年）		具有普遍约束力			(一)自治区人民政府制定的规章; (二)自治区人民政府发布的决定、命令; (三)呼和浩特市和包头市人民政府制定的规章; (四)下一级人民代表大会及常务委员会发布的决议、决定; (五)各盟辖旗县级人民代表大会常务委员会制定的决议、决定; (六)其他需要报送备案的规范性文件。	

序号	地方性法规名称	规范性文件的标准				规范性文件的范围	规范性文件的排除范围
		外部标准	普遍适用标准	反复适用标准	公开标准		
11	《重庆市实施〈中华人民共和国各级人民代表大会常务委员会监督法〉办法》(2009年)	涉及公民、法人和其他组织权利义务	具有普遍约束力			(一) 市人民政府发布的规章； (二) 市人民政府发布的决定、命令及其他规范性文件； (三) 下一级人民代表大会及其常委会作出的决议、决定。	
12	《四川省〈中华人民共和国各级人民代表大会常务委员会监督法〉实施办法》(2010年)					(一) 省人民政府发布的规章； (二) 省人民政府发布的具有普遍约束力的决定、命令、规定、办法等； (三) 较大的市的人民政府发布的规章； (四) 市、州人民代表大会及其常务委员会作出的决议、决定。	
13	《云南省各级人民代表大会常务委员会规范性文件备案审查规定》(2010年)	涉及公民、法人和其他组织权利义务	具有普遍约束力			(一) 省人民政府制定的规章； (二) 昆明市人民政府制定的规章； (三) 省人民政府发布的决定、命令； (四) 下一级人大及其常委会制定的决议、决定； (五) 其他应当报送备案的规范性文件。	

序号	地方性法规名称	规范性文件的标准				规范性文件的范围	规范性文件的排除范围
		外部标准	普遍适用标准	反复适用标准	公开标准		
14	《海南省实施〈中华人民共和国各级人民代表大会常务委员会监督法〉办法》（2010年）					（一）省人民政府制定的规章； （二）海口市人民政府制定的规章； （三）市、县、自治县人大及其常务委员会作出的决议、决定； （四）省人民政府发布的具有普遍约束力的决定、命令、规定、办法等。	
15	《上海市人民代表大会常务委员会关于规范性文件备案审查的规定》（2012年）	涉及公民、法人和其他组织的权利、义务	具有普遍约束力	在一定期限内反复适用		（一）市人民政府规章； （二）市人民政府发布的决定、命令； （三）本市地方性法规授权市人民政府及其相关工作部门制定的与本市地方性法规相配套的规范性文件； （四）区、县人民代表大会及其常务委员会作出的决议、决定； （五）依法应当向市人大常委会报送备案的其他规范性文件。	

续表

序号	地方性法规名称	规范性文件的标准				规范性文件的范围	规范性文件的排除范围
		外部标准	普遍适用标准	反复适用标准	公开标准		
16	《北京市各级人民代表大会常务委员会规范性文件备案审查条例》（2012 年通过、2021 年第一次修订、2024 年第二次修订）	涉及公民、法人和其他组织权利和义务	具有普遍约束力			（一）市人民政府制定的规章； （二）市人民政府发布的决定、命令及其他规范性文件； （三）区县人民代表大会及其常务委员会作出的决议、决定。	
17	《湖北省各级人民代表大会常务委员会规范性文件备案审查工作条例》（2013 年通过、2015 年修正、2020 年修订）	涉及公民、法人或者其他组织的权利、义务	具有普遍约束力	可反复适用		（一）省人民政府制定的规章； （二）省人民政府发布的决定、命令、规定、细则、办法等； （三）武汉市人民政府制定的规章； （四）下一级人民代表大会及其常务委员会作出的决议、决定等； （五）有解释权的机关对省人民政府的规章，武汉市的地方性法规和规章，恩施土家族苗族自治州、长阳土家族自治县、五峰土家族自治县的自治条例、单行条例作出的解释。	各级人民代表大会及其常务委员会和县级以上人民政府的内部工作管理制度、人事任免决定、向上级机关的请示和报告等文件。

序号	地方性法规名称	规范性文件的标准				规范性文件的范围	规范性文件的排除范围
		外部标准	普遍适用标准	反复适用标准	公开标准		
18	《河南省实施〈中华人民共和国各级人民代表大会常务委员会监督法〉办法》（2009 年通过、2015 年修正）	涉及公民、法人和其他组织权利、义务关系	具有普遍约束力	反复使用		（一）省人民政府制定的规章； （二）省人民政府发布的决定、命令以及其他规范性文件； （三）下一级人民代表大会及其常务委员会作出的决议、决定； （四）省高级人民法院、省人民检察院制定的规范性文件。	
19	《甘肃省各级人民代表大会常务委员会规范性文件备案审查规定》（2008 年通过、2015 年修正、2021 年修订）	涉及公民、法人和其他组织权利、义务	具有普遍约束力	可以反复适用		（一）省人民政府制定的规章； （二）省级人民政府发布的决定、命令等； （三）设区的市、自治州的人民政府制定的规章； （四）下一级人民代表大会及常务委员会的决议、决定； （五）其他规范性文件。	
20	《江西省各级人民代表大会常务委员会规范性文件备案审查条例》（2015 年通过、2021 年修正、2024 年修订）	涉及公民、法人和其他组织权利、义务	具有普遍约束力	可以反复适用		（一）省人民政府制定的规章； （二）省人民政府制定、发布的决定、命令、规定、细则、办法、意见	

序号	地方性法规名称	规范性文件的标准				规范性文件的范围	规范性文件的排除范围
		外部标准	普遍适用标准	反复适用标准	公开标准		
20						等规范性文件； （三）省人民政府授权其办公厅发布的决定、命令、规定、细则、办法、意见等规范性文件； （四）省人大及其常委会的地方性法规授权制定的配套性规定； （五）省人大及其常委会的地方性法规实施中具体应用问题的解释； （五）下一级人民代表大会及其常务委员会作出的决议、决定； （六）设区的市人民政府制定的规章； （七）省高级人民法院、省人民检察院制定的指导、规范审判、检察工作的意见、规定、办法等规范性文件； （八）其他应当报送备案的规范性文件。	

序号	地方性法规名称	规范性文件的标准				规范性文件的范围	规范性文件的排除范围
		外部标准	普遍适用标准	反复适用标准	公开标准		
21	《山西省各级人民代表大会常务委员会规范性文件备案审查条例》（2015年通过、2021年修订、2024年修订）	涉及公民、法人和其他组织权利、义务	具有普遍约束力	在一定时期内可以反复适用	公开发布	（一）省人民政府制定的规章；（二）省人民政府根据地方性法规授权制定的与地方性法规相配套的文件；（三）省级人民政府发布的决定、命令；（四）以省级人民政府办公厅文件发布的人民政府作出的办法、规定等；（五）依法享有立法权的市人民政府制定的规章；（六）依法享有立法权的市人民代表大会常务委员会对其制定的地方性法规作出的立法解释；（七）下一级人民代表大会及其常务委员会作出的决议、决定。	
22	《河北省各级人民代表大会常务委员会规范性文件备案审查条例》（2015年通过、2020年第一次修订、2024年第二次修订）	涉及公民、法人和其他组织权利、义务	具有普遍约束力	在一定时期内反复适用	公开发布	（一）省人民政府制定的规章；（二）省人民政府发布的决定、命令等规范性文件；（三）设区的市人民政府制定的规章；（四）下一级人民代表大会及其常务	

续表

序号	地方性法规名称	规范性文件的标准				规范性文件的范围	规范性文件的排除范围
		外部标准	普遍适用标准	反复适用标准	公开标准		
						委员会作出的决议、决定等规范性文件。	
23	《广西壮族自治区各级人民代表大会常务委员会规范性文件备案审查条例》（2008年通过、2016年第一次修正、2024年第二次修正）	涉及公民、法人和其他组织的权利、义务	具有普遍约束力	在一定时期内可以反复适用		（一）自治区人民政府制定的规范性文件；（二）自治区人民政府办公厅制定的规范性文件；（三）下一级人民代表大会及其常务委员会制定的规范性文件；（四）自治区高级人民法院、自治区人民检察院制定的规范性文件。	
24	《西藏自治区各级人民代表大会常务委员会规范性文件备案审查条例》（2009年通过、2016年第一次修订、2022年第二次修订、2024年第三次修订）	涉及公民、法人和其他组织权利、义务	具有普遍约束力	在一定时期内反复适用	公开发布	（一）自治区人民政府制定的规章；（二）自治区人民政府根据地方性法规的授权对某一事项所作的具体规定；（三）自治区人民政府发布的决定、命令以及其他规范性文件；（四）设区的市的人民政府制定的规章；（五）下一级人民代表大会及其常务委员会作出的决议、决定。	

续表

序号	地方性法规名称	规范性文件的标准				规范性文件的范围	规范性文件的排除范围
		外部标准	普遍适用标准	反复适用标准	公开标准		
25	《吉林省各级人民代表大会常务委员会规范性文件备案审查条例》（2016年通过、2022年修改、2024年修订）	涉及不特定的公民、法人和其他组织权利、义务	具有普遍约束力	在一定时期内反复适用		（一）省人民政府制定的规章；（二）省人民政府根据地方性法规授权制定的与地方性法规相配套的规范性文件；（三）省人民政府发布的决定、命令等规范性文件；（四）以省人民政府办公厅文件形式发布的人民政府制定的办法、规定等规范性文件；（五）下一级人民代表大会及其常务委员会作出的决议、决定等规范性文件；（六）设区的市、自治州的人民政府制定的规章。	
26	《宁夏回族自治区各级人民代表大会常务委员会规范性文件备案审查条例》（2016年修订、2024年第二次修订）	涉及公民、法人和其他组织权利义务	具有普遍约束力	在一定时期内反复适用	公开发布	（一）自治区人民政府制定的规章；（二）自治区人民政府发布的决定、命令；（三）设区的市人民政府制定的规章；（四）下一级人民代表大会及其常务委员会作出的决议、决定。	

序号	地方性法规名称	规范性文件的标准				规范性文件的范围	规范性文件的排除范围
		外部标准	普遍适用标准	反复适用标准	公开标准		
27	《新疆维吾尔自治区各级人民代表大会常务委员会规范性文件备案审查条例》（2010年通过、2017年修正、2020年第一次修订、2024年第二次修订）	涉及本行政区域内公民、法人和其他组织权利、义务	具有普遍约束力			（一）自治区人民政府制定的规章； （二）自治区人民政府根据本级地方性法规或者单行条例授权制定的与地方性法规相配套的规范性文件； （三）自治区人民政府制定发布的决定、命令、规定、细则、办法、意见、措施等规范性文件； （四）设区的市、自治州的人民政府制定的规章； （五）下一级人民代表大会及常务委员会作出的决议、决定； （六）自治区高级人民法院、自治区人民检察院制定的指导、规范审判、检察工作的意见、规定、办法等规范性文件； （七）自治区高级人民法院、自治区人民检察院与自治区人民政府职能部门联合发布的意见、规定、办法等规范性文件；	

序号	地方性法规名称	规范性文件的标准				规范性文件的范围	规范性文件的排除范围
		外部标准	普遍适用标准	反复适用标准	公开标准		
27						（八）生产建设兵团建制市人民代表大会及其常务委员会作出的决议、决定； （九）自治区高级人民法院生产建设兵团分院及各师中级人民法院、自治区生产建设兵团人民检察院及各师检察分院制定的指导、规范审判、检察工作的意见、规定、办法等规范性文件； （十）其他应当报送备案的规范性文件。	
28	《安徽省各级人民代表大会常务委员会实行规范性文件备案审查的规定》（2007 制定、2017 修订）					（一）省人民政府制定的规章； （二）省人民政府及其所属部门对省级人民代表大会及其常务委员会制定的地方性法规具体应用问题的解释； （三）省级人民政府发布的决定、命令以及其他规范性文件； （四）省高级人民法院、省人民检察院制定的执行最高	

续表

序号	地方性法规名称	规范性文件的标准				规范性文件的范围	规范性文件的排除范围
		外部标准	普遍适用标准	反复适用标准	公开标准		
28						人民法院、最高人民检察院司法解释的规范性文件；（五）设区的市人民政府制定的规章；（六）设区的市人民政府对地方性法规具体应用问题的解释；（七）下一级人民代表大会及其常务委员会作出的决议、决定。	
29	《陕西省地方各级人民代表大会常务委员会规范性文件备案审查规定》（2017年）		具有普遍约束力			（一）省人民政府制定的规章；（二）设区的市人民政府规章；（三）省人民政府制定的具有普遍约束力的决定、命令等规范性文件；（四）下一级人民代表大会及其常务委员会通过的具有普遍约束力的决议、决定等规范性文件；（五）省高级人民法院指导、规范审判及执行业务的规范性文件和省人民检察院指导、规范检察业务的规范性文件。	

序号	地方性法规名称	规范性文件的标准				规范性文件的范围	规范性文件的排除范围
		外部标准	普遍适用标准	反复适用标准	公开标准		
30	《黑龙江省各级人民代表大会常务委员会规范性文件备案审查条例》（2018年）	涉及不特定的自然人、法人和非法人组织权利、义务	具有普遍约束力	在一定时期内反复适用		（一）省人民政府制定的规章； （二）省人民政府制定、发布的决定、命令、规定、细则、办法、意见等规范性文件； （三）省人民政府授权其办公厅发布的决定、命令、规定、细则、办法、意见等规范性文件； （四）省监察委员会制定的指导、规范监察工作的规范性文件； （五）省高级人民法院、省人民检察院制定的指导、规范审判、检察工作的意见、规定、办法等规范性文件； （六）省监察委员会、高级人民法院、省人民检察院与省级人民政府职能部门联合发布的意见、规定、办法等规范性文件； （七）地方性法规授权制定的配套性规定； （八）地方性法规实施中具体应用问	

续表

序号	地方性法规名称	规范性文件的标准				规范性文件的范围	规范性文件的排除范围
		外部标准	普遍适用标准	反复适用标准	公开标准		
30						题的解释； （九）下一级人民代表大会及其常务委员会作出的决议、决定等规范性文件； （十）设区的市人民政府制定的规章； （十一）大兴安岭地区行政公署、大兴安岭地区监察委员会、大兴安岭地区中级人民法院、省人民检察院大兴安岭分院制定的规范性文件； （十二）省农垦中级人民法院、省人民检察院农垦分院制定的规范性文件； （十三）省林区中级人民法院、省人民检察院林区分院制定的规范性文件； （十四）哈尔滨铁路运输中级法院、省人民检察院哈尔滨铁路运输分院制定的规范性文件； （十五）其他应当报送备案的规范性文件。	

续表

序号	地方性法规名称	规范性文件的标准				规范性文件的范围	规范性文件的排除范围
		外部标准	普遍适用标准	反复适用标准	公开标准		
31	《广东省各级人民代表大会常务委员会规范性文件备案审查条例》（2018 年通过、2021 年修订、2024 年修订）	涉及公民、法人和其他组织的权利、义务	具有普遍约束力	在一定时期内可以反复适用	公开发布	（一）省人民政府制定的规章；（二）省人民政府发布的决定、命令；（三）以省人民政府办公厅名义发布的规范性文件；（四）省高级人民法院、省人民检察院制定的规范审判、检察工作的意见、规定、办法、指引等规范性文件；（五）省高级人民法院、省人民检察院会同有关国家机关制定的规范审判、检察工作的意见、规定、办法、指引等规范性文件；（六）下一级人民代表大会及其常务委员会作出的决议、决定等规范性文件；（七）地级以上市人民政府制定的规章；（八）依法应当报送备案的其他规范性文件。	属于有关国家机关制定的内部工作制度，人事任免、表彰，对具体事项作出处理决定，向上级机关请示、报告或者会议报告等不具有普遍约束力、反复适用性的文件。

第三章

规范性文件备案审查中的合宪性审查

2014 年，《中共中央关于全面推进依法治国若干重大问题的决定》强调了完善全国人大及其常委会宪法监督制度，健全宪法解释程序机制，加强备案审查制度和能力建设，把所有规范性文件纳入备案审查范围，依法撤销和纠正违宪违法的规范性文件，禁止地方制发带有立法性质的文件。2017 年，党的十九大报告明确提出，加强宪法实施和监督，推进合宪性审查工作，维护宪法权威。这为备案审查中的合宪性审查提供了根本遵循。2018 年修改宪法时，将"全国人大法律委员会"更名为"全国人大宪法和法律委员会"，同年 6 月全国人大常委会作出有关决定，明确宪法和法律委员会的工作职责。自 2018 年全国人大常委会首次听取审议备案审查工作情况报告以来，在历年的全国人大常委会工作报告中，都强调了加强备案审查工作，完善合宪性审查制度的重要性。2019 年，党的十九届四中全会决定提出，加强宪法实施和监督，落实宪法解释程序机制，推进合宪性审查工作，加强备案审查制度和能力建设，依法撤销和纠正违宪违法的规范性文件。中共中央印发的《法治中国建设规划（2020—2025 年）》确立了宪法问题的事先审查和咨询制度。拟出台的各类法规、规章、司法解释及重要政策等，若涉及宪法问题，需向全国人大常委会提出合宪性审查请求；备案审查中发现的合宪性问题也需及时上报。2022 年，党的二十大报告提出，"加强宪法实施和监督，健全保证宪法全面实施的制度体系，更好发挥宪法在治国理政中的重要作用，维护宪法权威""完善和加强备案审查制度"。2023 年 12 月 29 日，十四届全国人大常委会第七次会议审议通过《关于完善和加强备案审查制度的决定》，在法律制度层面对备案审查工作作出系统全面规定，备案审查制度建设进入新阶段。《法规规章备案审查条例》已经 2024 年 8 月 19 日国务院第 39 次常务会议通过，自 2024 年 11 月 1 日起施行。党中央对合宪性审查给予足够的政治关切和制度供给，合宪性审查的精神和功能正以备案审查制度为载体体现和发挥出来，对加强宪法实施和监督，坚持党的全面领导，推进国家治理体系和治理能力现代化，保障公民法人合法权益，维护国家法治统一，具有重大意义。

一、备案审查与合宪性审查基本内涵

（一）目前对于合宪性审查的理论研究成果

党的十九大以后，合宪性审查成为理论和实务研究的热点，有学者将合宪性审查作为整体进行研究，也有学者重视各个阶段、各个方面的合宪性审查研究，比如法律草案审议阶段的合宪性审查、党内法规的合宪性审查等等。由于新时代加强宪法监督大背景下的政策加持，近期法学界一致认为备案审查进入新发展阶段，而合宪性审查与备案审查关系密切，对备案审查中的合宪性审查研究应运而生。

对于备案审查中合宪性审查的研究，首先要从功能角度评析。翟国强提出宪法是法律体系的基础和核心，而且承载着国家的政治理念和价值追求。因此合宪性审查也发挥了法治和政治的双重功能。[1]功能定位离不开话语。张翔教授提出中国宪法学已经走进"合宪性审查时代"，党的十九大报告以后的官方术语中除了继续使用"宪法监督"外，开始使用"合宪性审查"，这表明我国运用区别于西方话语的表述，实质性推进宪法监督的政治决心。[2]从整体来看，苗连营教授认为合宪性审查主要有以下功能：加强宪法实施、维护宪法权威；推进国家治理体系和治理能力现代化；保护公民基本权利；

---

〔1〕 参见翟国强：《我国合宪性审查制度的双重功能》，载《法学杂志》2021 年第 5 期。

〔2〕 参见张翔：《"合宪性审查时代"的宪法学：基础与前瞻》，载《环球法律评论》2019 年第 2 期。

宣传宪法精神；加强党的领导。[1]林来梵教授将其功能概括为两点：合宪性审查是加强"法的统制"和"人权保障"的重要制度。[2]合宪性审查的功能发挥需要在现有制度中寻找连接点，在中国，人民代表大会制度及全国人大及其常委会负责宪法实施的基本制度虽重要但抽象，缺乏具体安排支撑。宪法虽有相关条款，但缺乏实施机制，导致功能受限。武西锋教授指出合宪性审查制度填补了这一空白，具体化宪法实施职责，体现了制度关联性。同时，它降低宪法实施的制度成本，有效利用现有资源，减少不必要的支出，符合成本效益原则。[3]如今合宪性审查的功能并未得到最大发挥，王蔚教授呼吁合宪性审查有必要回归功能问题，其认为我国合宪性审查客观法保障功能是法制统一，同时在合宪性审查中应注重"主观权利救济"功能，即关注公民个人行为层面启动合宪性审查程序的模式。[4]

关于备案审查和合宪性审查的关系，学界观点纷纭。多数学者认为备案审查是合宪性审查的手段或实现途径。刘松山教授认为合宪性审查是备案审查的一部分。[5]与之对应的王锴教授认为合宪性审查和合法性审查均包含备案审查。[6]韩大元教授认为在我国，备案审查制度构成了合宪性审查工作的坚实基础，并且是与合宪性审查紧密相关的制度设计。[7]然而，胡锦光教授认为法规备案审查与合宪性审查是两个不同的概念，尽管法规备案审查可以被视为我国启动合宪性审查的一种途径，但它并非唯一的方式。此外，法规备案审查的内容并不仅限于合宪性审查，它还涵盖了合法性审查以及适当性审查。应明确区分合宪性审查与合法性审查，并建立相应的审查机制。二者

---

〔1〕 参见苗连营：《合宪性审查的制度雏形及其展开》，载《法学评论》2018年第6期。

〔2〕 参见林来梵：《宪法学讲义》，清华大学出版社2023年版，第463页。

〔3〕 参见武西锋、袁广林：《合宪性审查：宪法实施的中国道路——基于"嵌入"理论的解释》，载《前线》2019年第8期。

〔4〕 参见王蔚：《客观法秩序与主观利益之协调——我国合宪性审查机制之完善》，载《中国法律评论》2018年第1期。

〔5〕 参见刘松山：《备案审查、合宪性审查和宪法监督需要研究解决的若干重要问题》，载《中国法律评论》2018年第4期。

〔6〕 参见王锴：《合宪性、合法性、适当性审查的区别与联系》，载《中国法学》2019年第1期。

〔7〕 参见韩大元：《关于推进合宪性审查工作的几点思考》，载《法律科学（西北政法大学学报）》2018年第2期。

的区分主要是通过机构分工实现，全国人大常委会法制工作委员会应负责接收相关法律文件的备案，并进行合法性审查。如果认为法律文件可能存在合宪性嫌疑，应提请全国人大宪法和法律委员会进行合宪性审查。[1]张翔教授认为在现有的体制、组织和程序框架下，全国人大及其常委会的合宪性审查工作分为"前端"和"后端"两个层次。"前端"和"后端"在合宪性审查工作中是相互补充、相互衔接的两个层次。后端审查针对报送全国人大常委会备案审查的规范性文件进行，旨在确保这些文件符合宪法要求。[2]有些学者认为在一段时间内，合宪性审查的重要载体还是备案审查。如谭清值教授以地方视角的合宪性审查制度展开，认为以地方人大为主导的合宪性审查地方制度，构成了中国合宪性审查制度体系中不可或缺的部分，是合宪性审查制度构成中最完善、最高效的制度实现载体。[3]然而有些学者对上面的观点持反对意见，比如黄明涛教授虽然认同备案审查对于合宪性审查的"程序落脚点"意义，但是他反对将二者概念混同，认为过于依赖备案审查会挤压其他的审查程序、审查形式与审查方法的发展空间，主张中国版合宪性审查制度内部各要素应当平衡发展。[4]

对于备案审查和合宪性审查的关系，又引申出合法性审查与合宪性审查的关系的辨析。区别于长期以来合法性主导的观点，马洪伦教授认为，应注重合宪性审查与合法性审查的协同，建议先进行合宪性审查，再进行合法性审查，形成协同模式。这种模式有助于强化宪法权威，同时激活宪法解释制度，确保法律体系的内在统一。他还提出针对法律的合宪性解释，既能在一定程度上解决法律合宪性问题，又能完善法律合宪性的事后控制机制。通过合宪性解释，可以在保全法律效力的前提下排除违宪性因素，确保法律体系的和谐统一。[5]

---

〔1〕 参见胡锦光：《论法规备案审查与合宪性审查的关系》，载《华东政法大学学报》2018 年第 4 期。

〔2〕 参见张翔：《"合宪性审查时代"的宪法学：基础与前瞻》，载《环球法律评论》2019 年第 2 期。

〔3〕 参见谭清值：《合宪性审查的地方制度构图》，载《政治与法律》2020 年第 2 期。

〔4〕 参见黄明涛：《具体合宪性审查的必要性及其制度空间》，载《比较法研究》2020 年第 5 期。

〔5〕 参见马洪伦：《我国合宪性审查衔接联动机制的构建》，载《当代法学》2023 年第 3 期。

　　备案审查中合宪性审查的制度更新、法律依据更新快，学界对此也是讨论激烈。早在 1981 年"八二宪法"修改委员会就考虑过设立宪法委员会来监督宪法实施，但是最后并没有写入宪法文本，而是将宪法监督的职能概括地赋予了全国人大及其常委会。1982 年《中华人民共和国全国人民代表大会组织法》（以下简称《全国人大组织法》）进一步发展了我国合宪性审查制度，通过确立法律草案的统一审议制度来确保法律不抵触宪法规定。2000 年《立法法》又引入了备案审查制度，特定主体可以对法律以下的规范性法律文件提出审查要求，另一些主体可以提出审查建议。2015 年《立法法》又引入主动审查制度（第 99 条第 3 款）。2023 年《立法法》进一步完善了主动审查制度，明确专项审查内容，建立备案审查协调联动机制，增加法律清理制度；明确了法律案起草和审议中的合宪性审查要求、备案审查中的合宪性审查要求。我国关于合宪性审查的制度更新讨论主要集中在是否应该设立独立的合宪性审查机构，如何设立合宪性审查机构；合宪性审查能否借助备案审查进入发展新阶段；宪法和法律委员会的职能分析和完善；地方机关的合宪性审查职能承担等。

　　关于是否应该设立宪法和法律委员会，林来梵教授从宪法政策论的角度依次推论，指出设立宪法委员会是有必要的；可以设立直属全国人大、与全国人大常委会平行的宪法委员会或者借鉴中央军事委员会或国家监察委员会的模式，设立由中共中央和全国人大双重领导的、与全国人大常委会平行的宪法委员会；设立上述宪法委员会，需要修改宪法以赋予宪法委员会宪法机关的地位。[1]但是吴延溢教授认为合宪性审查改革脱离人民代表大会这一根本政治制度是不可行的，可以尝试改变合宪性审查权的纵向配置，构建符合国家结构的"一极性"单一审查体制，即审查机关设置在中央，审查标准唯一。另外为了适应大国治理的需要，期待通过机构改革整合审查力量，考虑将全国人大常委会法制工作委员会下的法规审查备案室、宪法室提升为与法制工作委员会平行的备案审查工作委员会、宪法工作委员会。[2]

　　论及合宪性审查能否借助备案审查进入发展新阶段，刘国教授认为当前

---

　　〔1〕　参见林来梵：《合宪性审查的宪法政策论思考》，载《法律科学（西北政法大学学报）》2018 年第 2 期。

　　〔2〕　参见吴延溢：《中国特色合宪性审查的体制改革与机制创新》，载《思想战线》2023 年第 3 期。

的备案审查机制可视为我国未来合宪性审查机制的初步形态，未来的合宪性审查机制应该包括国法系统的合宪性审查和党规系统的合宪性审查两套机制。[1]郑磊教授也同样认为合宪性审查在备案审查中发展空间巨大，他采用政策、法律与案例三元进路，提出应把"健全保证宪法全面实施"作为"首要任务和基础性工作"的战略定位的观点，罗列了现有规范备案审查工作的文件，对酝酿"备案审查法"抱以希望，并强调备案审查案例公布研讨对完善机制体制意义重大。[2]

关于宪法和法律委员会的职能分析和完善。朱学磊教授指出引入"弱司法审查"理念契合我国宪法确立的秩序结构，而且在合宪性审查中兼顾"人大至上"和司法审查制度，他认为我国不宜将对合宪性审查的功能期待全部置于宪法和法律委员会一身，应当根据各级立法与司法主体的实际能力，使其承担部分合宪性审查职责，以过滤一些与地方密切相关的或者重要性略不明显的审查任务。[3]于文豪教授认为由于合宪性审查工作"嵌入"到规范性文件的制定、修改、解释、评估、适用以及实施等各个环节，所以宪法和法律委员会应当在统一审议法律草案、规范性文件备案审查、协助常委会开展执法检查等监督工作、选举、宪法解释等工作中发挥维护宪法秩序统一性的功能。另外宪法和法律委员会一方面应厘清其自身的内部关系，另一方面应厘清其与全国人大常委会、全国人大常委会法制工作委员会、法院、其他国家机关和社会主体的关系。其中他认同最高人民法院移送机制应当成为法院启动合宪性审查的主要方式，即一般法院将合宪性问题移送给最高人民法院，由最高人民法院审查后移送给全国人大及其常委会内设宪法审查机构进行合宪性审查。宪法和法律委员会可以直接与最高人民法院建立合宪性审查的移送接收关系。[4]

---

〔1〕 参见刘国、成溢：《论我国合宪性审查的规范依据及基本框架》，载《四川师范大学学报（社会科学版）》2022 年第 4 期。

〔2〕 参见郑磊：《完善和加强备案审查制度的进路：政策、法律与案例》，载《地方立法研究》2023 年第 6 期。

〔3〕 参见朱学磊：《弱司法审查是中国实施宪法的蹊径吗——"合宪性审查工作体系化"的提出》，载《政治与法律》2019 年第 4 期。

〔4〕 参见于文豪：《宪法和法律委员会合宪性审查职责的展开》，载《中国法学》2018 年第 6 期。

关于地方机关的合宪性审查职能承担，温泽彬教授认为省级人大常委会在积极实施宪法规范的备案审查中扮演辅助角色，通过评估立法事实，判断被审查规范是否充分遵循了宪法意图，从而为全国人大常委会的合宪性审查提供信息支持。[1]李松峰也提出了类似的看法，认为省级人大常委会作为宪法遵守和执行的监督者以及地方性法规的审批者，并不具备合宪性审查权，也不适合直接从事合宪性审查工作，但它在合宪性审查工作中仍然可以发挥重要作用。通过穷尽合法性审查、提出合宪性审查报告或要求、做好事实审查以及及时落实合宪性审查决定等方式，省级人大常委会可以协助全国人大常委会开展合宪性审查工作，共同维护宪法的权威和宪法秩序的统一。[2]

（二）备案审查与合宪性审查的概念

备案审查是指法定机关将其制定的法规、司法解释等规范性文件依规定期限和程序报送有权机关备案，并依法进行审查处理的法律制度。备案审查制度与我国根本政治制度即人民代表大会制度的建立与完善有密切的关系，其发展也与社会主义法治建设的发展基本同步。五四宪法建立了立法权高度集中的立法体制。同时，建立了以对规范性文件的改变、撤销为主要内容的立法监督体制。备案审查是解决法律规范冲突的机制，其内核是可以追溯到这个时期的立法监督体制的。到1995年《地方组织法》的修改颁布，我国中央与地方立法制度和立法监督制度基本形成，进一步奠定了规范性文件备案审查制度的基础。2000年《立法法》正式确立备案审查制度，设置第五章"适用与备案"专章对备案审查的原则和程序作出一系列明确具体规定。特定主体可以对法律以下的规范性法律文件提出审查要求，另一些主体可以提出审查建议。2006年《监督法》第五章专章对"规范性文件的备案审查"作了规定补充，明确了备案审查的对象和程序，进一步明确了规范性文件备案审查制度的内涵。2015年和2023年《立法法》两次修改更是突出加强规范性文件备案审查的地位。我国的备案审查制度与我国政治制度和国家结构紧密契

---

[1] 参见温泽彬：《地方人大常委会在合宪性审查中的作用及其展开》，载《中国法学》2024年第1期。

[2] 参见李松锋：《省级人大常委会在合宪性审查工作中的宪制角色》，载《西南政法大学学报》2023年第2期。

合，承袭我国政治历史传统，可以看出有以下特点：第一，备案审查是"备案"和"审查"的有机结合。其中"备案"依赖的是人民代表大会制度对权力的分配体系，备案审查对象范围和备案审查主体监督对象范围大致相同。"审查"是事后审查、抽象审查，即在规范性文件已生效后进行的审查，且不处理行政案件、检举、投诉等，不提供法律救济。第二，备案审查标准多元。因为备案审查体现了国家权力机关对国家行政机关、监察机关、审判机关、检察机关的监督，也体现了央地的权力等级关系对比，这就决定了备案审查不可能只运用一种审查标准，而是要兼顾合法性、合宪性、适当性、政治性多种标准。第三，备案审查具有一定的刚性。虽然我国一向有沟通协商的政治传统，但是作为符合我国国情、具有中国特色的宪法监督制度之一，备案审查被赋予了维护国家法制统一的宪制角色。虽然备案审查并不是规范性文件的生效程序，不会直接影响到规范性文件的效力，但是有权机关可以接受备案审查的结论修改、废止、宣布不再适用、改变、撤销规范性文件，或者采取作出法律解释或者作出要求制定机关纠正的决定等方式直接予以纠正。我国已经形成多套的备案审查制度，其中包括：（1）全国人大常委会对各类法律规范性文件的备案审查；（2）国务院对地方性法规、规章等规范性文件的备案审查；（3）县级以上地方各级人大常委会对本行政区域其他国家机关和下级人大及其常委会的规范性文件的备案审查；（4）中共中央办公厅及上级党组织对党内法规的备案审查；（5）中央军委法制局对军事法规及规范性文件的备案审查。一般而言，合宪性审查制度主要是以第一套备案审查制度为主导。上述多套备案审查制度之间形成衔接联动机制，对应当由其他机关处理的审查要求或者审查建议，及时移送有关机关处理。

合宪性审查是以维护宪法权威和宪法秩序为目的，对规范性法律文件是否符合宪法规范、原则、精神进行审查的法律制度。合宪性审查制度经历了长期的历史沿革并逐渐臻于完善，而"合宪性审查"的内容和精神是早已分散在我国法律监督体制内的。早在八二宪法就考虑过设立宪法委员会来监督宪法实施，但是最后并没有写入宪法文本，而是将承担宪法监督职能的角色概括地赋予了全国人大及其常委会。1982年《全国人大组织法》进一步发展了我国合宪性审查制度，其通过确立法律草案的统一审议制度来确保法律不抵触宪法规定。2015 年《立法法》又引入主动审查制度（第 99 条第三款）。2023 年《立法法》进一步完善了主动审查制度，明确专项审查内容，建立备案审查协调联动机制，增加法律清理制度；明确了法律案起草和审议中的合宪性审查要求、备案审查中的合宪性审查要求。长期以来，我国合宪性审查制度是比较分散的，备案审查制度之中鲜有合宪性审查的存在。后来合宪性审查分为事前审查、事中审查、事后审查"三端"的观点最具代表性。事前审查往往与宪法解释紧密结合，利用宪法解释解决合宪性问题，因为其发生在规范性文件制定之前。事中审查主要体现在规范性文件起草审议中。而事后审查是比较典型的合宪性审查，其依托备案审查，而现在的备案审查以合法性审查为主，合宪性审查只是备案审查内容的一部分，可以说合宪性审查和备案审查在一定意义上是相互融合的，但又不可盲目混同。由于现实要求和法律实施逻辑，我国宪法实施应当渐进而行，可以认为备案审查制度是合宪性审查制度的初级版本，而合宪性审查制度是备案审查制度的进阶样态。"合宪性审查"这个词长期以来湮没在一些概念群中，学界讨论主要集中在"合宪性审查"、"违宪审查"和"宪法监督"三者。就"宪法监督"和"合宪性审查"二者来说，"宪法监督"是"合宪性审查"的上位概念，"合宪性审查"是"宪法监督"的一种法律形式的监督；"宪法监督"主体不仅有权力主体还有权利主体，"合宪性审查"主体是有合宪性审查权的国家机关；"宪法监督"对象十分宽泛，不局限于国家机关；"宪法监督"的形式是多样化的，不局限于单向度的，赖以国家机关的判断。[1] 就"合宪性审查"被中国共产党中央文件采纳的合理性来说，其中重要原因之一就是"合宪性审查"和"宪法监督"关系密切。我们可以试析其特点：第一，"合宪性审查"体现了我国追求温和、逐步推进的政治特色。第二，"合宪性审查"整体态度是肯定的，这说明在建设社会主义法治社会的新时代，合宪性状态是一种常态，"良法善治"的目标正逐步实现。第三，从比较法视野看，我国的合宪性审查不是司法审查，我国的合宪性审查主体不是法院而是全国人大常委会；我国的合宪性审查不是德国等国家的违宪审查，因为其并非用于制衡其他国家机

---

[1]　参见《宪法学》编写组：《宪法学》，高等教育出版社、人民出版社 2020 年版，第 338～342页。

关而是为了维护宪法秩序，其运行是要遵守民主集中制原则的。

（三）合宪性审查的双重属性

我国合宪性审查是具有双重属性的，即合宪性审查既具有政治属性，也具有法律属性。同样的，在备案审查中合宪性审查也具备双重属性，双重属性是厘清备案审查中合宪性审查标准、制度安排的关键。合宪性审查制度的建设路径在理论界存在司法化和民主化两种不同逻辑。中国的合宪性审查机制以宪法审议民主化为追求，将合宪性审查嵌入立法权之中，形成程序中心主义的合作式宪法秩序，有利于发挥中国特色社会主义制度的优势，推进国家治理现代化。[1]与此同时合宪性审查也不必陷入西方民主的陷阱之中。因为我国宪法是民主立宪主义的产物，并非只是法律文件，更是符合本国国情的治理宪章，[2]能实现最广泛最充分的社会主义民主。兼顾此两种属性的合宪性审查，其具体审查标准将围绕国家统治视角和法治视角展开，在制度安排上自然既重视发挥其宪法监督功能、保证国家权力正当运行功能和国家统合功能，又重视公民基本权利保障和宪法保障。

首先，我国合宪性审查具有政治属性。第一，合宪性审查制度构建原理来自政治制度。其一，我国合宪性审查主体的角色是政治机关而非司法机关，审查主体对于合宪性问题审查持审慎态度，因为在我国合宪性问题首先会被认为是严肃的政治问题；其二，我国合宪性审查制度的构建原理基于我国根本政治制度。我国采用人民代表大会制度，以民主集中制作为国家机关的根本组织原则，这就导致我国的合宪性审查制度重视民主、自治和维护法统治秩序的价值，人民代表大会制度分配的权力体系也是深刻影响合宪性审查的制度安排和具体运作。第二，合宪性审查推进依赖外源性政治动力。我国的合宪性审查理念趋向和制度重心往往与中国共产党的意志一致。在中国共产党大力推行全面依法治国的图景下，宪法作为"法律的法律"具有领衔的作用，合宪性审查契合当今加强宪法权威，推进宪法实施的时代要求。党的十

---

〔1〕 参见李少文：《合宪性审查制度建设的理论逻辑与中国方案》，载《法治现代化研究》2022年第3期。

〔2〕 参见郑贤君：《合宪性审查、宪法解释与宪法实施》，中国民主法制出版社2022年版，第76页。

九大后，中国共产党在官方文件中反复提及合宪性审查，展示了依宪治国、依宪执政的政治理念。2024 年 7 月 18 日中国共产党中央通过《中共中央关于进一步全面深化改革、推进中国式现代化的决定》，要求健全保证宪法全面实施制度体系、完善合宪性审查、备案审查制度。这一决定将合宪性审查与推进中国式现代化的大背景紧密结合，突出了改革与法治相辅相成的关系。体现了中国共产党关于改革和法治的意志：进入新时代改革发展转型期，改革的推进和成果的巩固依赖立法决策与改革决策衔接统一，法治要最大程度发挥为改革减少阻力的功能。第三，合宪性审查在备案审查中的政治属性尤为明显。中国特色社会主义法治体系分为国法系统和党规系统。在我国，中国共产党发挥着总揽全局、协调各方的领导核心作用，党的领导已经贯彻到国家工作的方方面面。就党规系统的备案审查而言，党内法规审查通常以政治性审查为首要重点，以确保"两个维护"。近年来有学者主张党内法规应接受合宪性审查这些学者一般对该问题持一种"国家法治"的政治性立场，认为对党内法规进行合宪性审查有利于全面依法治国战略的推进。[1]就国法系统的备案审查而言，备案审查后的处理倾向沟通协商，其中涉及合宪性问题的审查也是倾向于合宪推定，因为"违宪"会带来严重的政治后果，不仅是对宪法秩序的冲击，而且对统治秩序也会有负面影响。

其次，我国合宪性审查具有法律属性。合宪性审查是兼具结果控制的法律属性的。有学者指出，基于权力分工不同，合宪性审查是一种政治审查，不是法律问题。这一点不同于法院中心的司法审查。[2]因为合宪性审查作为维护宪法权威和地位的重要手段，具有鲜明的法律性质。一方面，合宪性审查，无论是由权力机关进行还是由法院进行，其核心都是对法律、法规等规范性文件是否与宪法相抵触进行判断。这种判断本质上是一种法律判断。另一方面，虽然政治因素在合宪性审查中可能有所体现，但这并不意味着合宪性审查本身就是一种政治审查。政治因素与法律因素在合宪性审查中是可以

---

〔1〕 参见李忠：《党内法规制度合宪性审查初探》，载《西北大学学报（哲学社会科学版）》2019 年第 1 期。

〔2〕 参见郑贤君：《作为政治审查的合宪性审查》，载《武汉科技大学学报（社会科学版）》2018 年第 5 期。

分离的，二者在不同的审查案件权衡比重也是不同的。某种角度上，合宪性审查具有法律属性主要是从其法治功能的发挥这个角度而言的，目的是明确合宪性审查在备案审查中的涵义。

（四）备案审查中合宪性审查功能的发挥

基于合宪性审查属性和功能的逻辑关系，明确合宪性审查的双重属性后，此处试图讨论备案审查中合宪性审查功能的发挥。我国的备案审查工作有一段时间是处于"鸭子凫水"状态的。自 2017 年全国人大常委会首次听取法制工作委员会备案审查工作报告后，这一制度才"浮出水面"并得到了快速发展。因此，研究备案审查中的合宪性审查是契合时代要求和法治建设规律的。

合宪性审查是一个庞大的概念，合宪性审查与备案审查中的合宪性审查是区别明显的，体现在以下方面：首先，根据合宪性审查分为"三端"说，广义的合宪性审查是包含备案审查的；其次，广义的合宪性审查是关注公民个人层面参与的，而备案审查中的合宪性审查是有权国家机关视角的话题。由于长期以来合宪性审查和备案审查的关系密切，合宪性审查的方法论和功能在备案审查中得到良好的发挥，合宪性审查长期依托备案审查也是历史的选择。而备案审查如此重视合宪性审查的运用是因为合宪性审查具有独特的功能，不仅有利于释放备案审查的制度活力，而且可以提升备案审查的刚性影响力。

公法关系的客体是抽象的公共权力，然而公共权力一诞生就带有"异化倾向"。[1]基于这一命题，合宪性审查的目标就清晰了。合宪性审查是对公共权力的审查，其必然要担负着遏制公共权力异化的职责，合宪性审查是在宪法框架内，通过强化宪法权威、维护宪法秩序完成这一职责的。虽然公民权利是一种原发性的权利，不需要外在力量的承认，但是现代社会的人民民主仍然主要是通过宪法确立的，合宪性审查作为一种宪法制度，务必要凸显民主思想，对抗公共权力对民主的干预。总结而言，合宪性审查的目标有两点认识：加强"法的统制"和体现"人权保障"。合宪性审查制度的目标决定了其功能的范围。党的十八大以来，面对新形势新任务，备案审查正大力度向更深推进。备案审查作为宪法性制度，合宪性审查在这一平台上功能被最

---

〔1〕 参见吴延溢：《中国特色合宪性审查的逻辑、规范与经验》，九州出版社 2020 年版，第 46 页。

大程度发挥，具体来说主要有以下几点：第一，备案审查中的合宪性审查有利于加强党的领导，坚持正确方向。我国是由中国共产党领导的社会主义国家，中国特色社会主义的本质特征就是中国共产党的领导，我国一切工作都离不开党领导。一方面，在现有备案审查的制度安排中，党内法规的备案审查是一个相对独立的模块，通过合宪性审查可以以国家最高法律文件精神宣示党的思想路线和道路安排的正确性，同时可以确保党的意志和国家意志相统一，加强党的领导的权威性。另一方面，中国共产党是我国的执政党，依法治国是党领导人民治理国家的基本方略，在备案审查中运用合宪性审查就是依宪治国的体现，有利于提升执政能力和治理水平。合宪性审查与党的领导是可以兼容的，关键在于做好充分的理论准备和恰当的制度设计，以消除可能带来的政治风险，坚持走正确方向。[1]第二，备案审查中的合宪性审查有利于维护宪法权威、保障宪法实施。2017 年之前的一段时间，我国的备案审查制度处于类似休眠的状态，力度偏弱，且在备案范围、备案工作方法、纠错力度上与制度原意背道而驰，审查机关更愿意采取"消极审查"的立场。而合宪性审查可以为备案审查赋予一定的刚性影响力，向权力亮剑。宪法作为我国最高法律，其本身制裁性很弱，但是分散在其他宪法性法律之中的合宪性审查就可以实现宪法文本对现实宪法秩序的有效规制，保证宪法规范、原则和精神不被侵犯，未来甚至可以追究违宪行为的责任，保证宪法的最高权威。第三，备案审查中的合宪性审查有利于维护公民权益。前文提到，备案审查是一种抽象审查，本身并不提供救济。但是回归宪法的最本质特征来看，宪法首先是保障公民权利不受国家机关侵犯的权利法，故一部运行良好的宪法势必可以维护公民权益。仅仅是关于宪法"控权保民"精神的宣告是不足以达成该目标的，"有侵害就会有救济"，在一个健全的法律体系中，当公民的权利受到侵害时，通常应该能够找到相应的救济途径来维护自己的权益。合宪性审查就是公民权利保护的一种可能的救济途径：不仅可以在个案中以理念嵌入等方式影响法院判决结论和说理，发挥某种准司法作用，而且合宪性审查作为法律体系的优化机制，可以保障法律体系的不断良性更新，

---

[1]　参见秦前红编著：《备案审查、合宪性审查绪论》，中国民主法制出版社 2022 年版，第 81 页。

不断回应公民的新权利诉求。虽然备案审查是以有权国家机关的视角展开的，备案审查中的合宪性审查可以兼顾公民层面的诉求。

（五）备案审查与合宪性审查的关系

基于现有实践经验，合宪性审查是以备案审查工作为着力点的，随着备案审查工作的"显性化"，合宪性审查工作应主要依托备案审查这个平台开展，但又不能否定合宪性审查的独立地位，要"谨防备案审查工作成为合宪性审查制度建设的停滞点。"[1]具体来说，备案审查可以视为是合宪性审查的案源和筛选的起点，更重要的是，在备案审查中也可以直接依据宪法进行审查，将合宪性审查从一般性的合法性审查中剥离出来。如何审视备案审查和合宪性审查的关系，实际上牵涉合法性审查与合宪性审查的次序问题，也就是主张合法性审查优先或者承认合宪性审查有其独立性地位。对于前者而言，如果坚持合法性审查优先，可以利用备案审查先行过滤一些不涉及宪法问题的审查，合宪性审查可以为备案审查提供兜底保障，故备案审查和合宪性审查是"衔接"关系；对于后者而言，如果赋予合宪性审查独立地位，可以直接通过合宪性审查在更高层面对无论是普通的规范性文件还是涉及违宪之虞的规范性文件进行审查，而不必将合宪性审查淹没在备案审查的合法性审查之中。就如林来梵教授指出的"违宪必然违法，违法或亦违宪"[2]，直接启动合宪性审查是完全可行的，而且合宪性审查应当引领合法性审查。在我国，长期以来备案审查中合法性审查运用得比较多，与审查标准不清、机构安排不合理有关，但是不代表备案审查只能考虑合法性问题。目前，我国备案审查实践中已经开始直面违宪问题，在备案审查中重视合宪性审查的地位和功能成为当今政策和实务的方向。因此合宪性审查以备案审查为着力点契合法理逻辑和时代要求，但这并不意味着合宪性审查附属于备案审查，合宪性审查与备案审查之间是相互独立又相互交融的关系。

二、备案审查中的合宪性审查问题分析与实证考察

如前文提到的，备案审查是合宪性审查的大平台，对备案审查中的合宪

---

[1] 参见郑磊：《备案审查工作报告研究》，中国民主法制出版社2021年版，第51页。
[2] 参见林来梵：《合宪性审查的宪法政策论思考》，载《法律科学（西北政法大学学报）》2018年第2期。

性审查问题分析应当紧紧围绕备案审查这个基本制度展开。实务中，备案审查中合宪性审查的活力不足，基本上也是因为存在以下几个问题未能厘清。近年来备案审查有"乘风破浪"之势，备案审查制度供给趋于丰富、政策支持十分有力、成长空间巨大，有望成为中国特色的具有代表性的宪法监督制度。在此基础上，有必要对备案审查中的合宪性审查进行问题分析与实证考察。

（一）备案审查中的合宪性审查问题分析

1. 法律无法被纳入合宪性审查体系

这一问题在学理上存在争议、实际制度安排存在难点。学理上围绕法律是否应该接受合宪性审查主要有肯定说和否定说两种观点。否定说认为全国人民代表大会及其常委会的国家最高权力机关和最高立法机关两种身份不可分割，其是宪法规定的代表人民集中行使国家权力的国家最高权力机关，所以全国人大及其常委会制定的法律具有宪制意义，无须接受审查。在这个意义上，法律是"宪法的具体化"，其拥有类似宪法的属性，不可能不符合宪法。[1]肯定说认为对法律进行合宪性审查是必要的，因为宪法和法律性质不同，存在效力高低之分，且法律存在不合宪的可能且潜在危害大。法律是宪法之下的最高效力等级规范性文件，违宪审查制度基本上就是为了防范法律违宪而建立的。[2]即使我们可以从理论层面比较肯定说和否定说的优劣从而达成某种共识，然而在实践中，作为法律制定机关的全国人大及其常委会是否可以审查法律的合宪性？如果不可以那么宪法和法律委员会可以承担对法律进行合宪性审查的职能吗？围绕这两个问题，又产生了是否应该新建一个独立的合宪性审查专门机关审查法律来解决全国人大及其常委会"自我监督"的问题的讨论，然而可行性比较高的进路是：在现行体制下，细化并拓展宪法和法律委员会的职权，并处理好宪法和法律委员会和其他工作机构（主要是全国人大常委会法制工作委员会）的关系。换言之，法律是否可以被纳入合宪性审查体系，关键是做好宪法和法律委员会的地位和职权设计。

备案审查对象在立法实践中是不断在扩展的，在审查实践中也有扩展的

---

〔1〕　参见莫纪宏：《论法律的合宪性审查机制》，载《法学评论》2018年第6期。

〔2〕　参见刘志刚：《我国宪法监督对象的拓展分析》，载《贵州省党校学报》2018年第3期。

趋势。根据备案审查的历史发展，2000 年的《立法法》规定的备案审查对象仅仅有行政法规、地方性法规、自治条例和单行条例以及规章。同年通过了《行政法规、地方性法规、自治条例和单行条例、经济特区法规备案审查工作程序》（现已失效），备案审查纳入了经济特区法规。2006 年《监督法》规定全国人大常委会负责备案审查两高的司法解释。而后 2015 年《立法法》呼应前法将司法解释纳入备案审查范围，在 2023 年新修正的《立法法》备案审查对象新增监察法规。同年《关于完善和加强备案审查制度的决定》审查对象安排再次更新，吸纳浦东新区法规、海南自由贸易港法规、特别行政区法规。因此，从立法实践看，备案审查不断追求"应备尽备"，故将法律纳入备案审查体系是符合立法发展方向的。在审查实践中，根据近年全国人大常委会法制工作委员会备案审查报告内容，甚至有观点指出"法律在事实上已被纳入审查范围。"[1]虽然法律暂时不被包含在备案审查体系之内，但是由于备案审查和合宪性审查相互交融的关系，可以通过全国人大常委会法制工作委员会的合宪性审查将法律纳入事实上的备案审查范围，推动法律的修改或废止。

2. 备案审查中的合宪性审查标准不清，操作性差

我国合宪性审查标准散见于宪法及宪法性法律文件中：我国《宪法》序言明确指出："本宪法以法律的形式确认了中国各族人民奋斗的成果，规定了国家的根本制度和根本任务，是国家的根本法，具有最高的法律效力。"第 5 条第 3 款规定："一切法律、行政法规和地方性法规都不得同宪法相抵触。"《立法法》第 98 条规定："宪法具有最高的法律效力，一切法律、行政法规、地方性法规、自治条例和单行条例、规章都不得同宪法相抵触。"第 110 条、第 112 条规定"同宪法或者法律相抵触"和"存在合宪性问题"这两个合宪性审查标准。由于立法上的高度概括性，学界对合宪性审查标准也进行了讨论，"合宪性审查中的'宪'，既包括宪法典，即宪法文本，同时包括宪法原则、宪法精神与宪法解释，在有的国家还包括宪法惯例与批准的公约。"[2]但是并没有提出实质性的方法论，局限于对标准内容的文义解释、体系解释等。

---

〔1〕 参见林彦：《备案审查的制度变迁及其原因》，载《环球法律评论》2024 年第 4 期。
〔2〕 参见韩大元：《关于推进合宪性审查工作的几点思考》，载《法律科学（西北政法大学学报）》2018 年第 2 期。

我国合宪性审查实践发展迅速，要求学界吸取实务经验对合宪性审查标准进行体系化的方法论研究。

合宪性审查与宪法解释制度密切相关。法律规范可以从宪法原文中探知，而宪法原则除了宪法规范中明确提到的，其他都需要运用一定的解释方法推导出来，宪法精神更是如此，宪法精神的明确还需要宪法解释机关根据党中央大政方针、时代背景和要求等综合宣示。然而合宪性审查却不必然伴随宪法解释，因为对宪法原则、宪法精神的解释还要受到程序的严格限制，目前有权解释宪法的机关只有全国人大常委会，有权提起宪法解释案的主体主要是国务院、最高人民法院、最高人民检察院、中央军委和省级人大常委会。可以看出，有权提起宪法解释案的主体在备案审查遇到涉及合宪性问题的情况时是没有合宪性审查权的，甚至"两高"在现有备案审查体系之中没有审查主体的地位，省级人大常委会在备案审查中也处于学理上辅助的地位。然而纵观各国合宪性审查实务经验，有合宪性审查权和有宪法解释权的主体是一致的。[1]可以说宪法解释事实上就是一种审查方法。既然宪法解释受到严格限制，那么遇到何种合宪性问题需要宪法解释的介入？在审查中对宪法涵义的说明、明确是属于宪法解释的范畴吗？我国宪法解释权需要重新配置吗？这些问题都亟须解决，否则无法厘清合宪性审查标准的具体内容。

3. 备案审查缺乏刚性

党的十九大召开之前的一段时间，备案审查一直处于"有案不备、备而不审、审而不纠"的状态，或许与我国政治传统有关，规范性文件审查机关为了减少和制定机关的冲突，总是以"沟通协商""督促、约谈"为优先考虑选择。综合来说，备案审查缺乏刚性有以下几个原因：第一，本身制度设计偏柔性，纠错机制缺乏强硬性。备案审查制度的纠错制度高度依赖规范性文件制定机关的自觉和配合，对"撤销"和"修改"采取高度谦抑的消极主义立场。第二，立法法、监督法等缺乏备案审查责任的规定，注重对备案审查进行权限分配上的规定，没有对"应备不备""备而不审"等进行追责规定，也没有对备案审查结果的适当性进行评估的安排，极易导致备案审查制

---

〔1〕　参见胡锦光：《合宪性审查原理五论》，中国民主法制出版社 2022 年版，第 15 页。

度原意落空。第三，备案审查中合宪性审查地位不够明显，这就导致本该作为主要宪法监督制度的备案审查制度缺乏宪法赋予的权威性和关注度，从而导致备案审查制度在一段时间都缺乏显性。第四，备案审查中合宪性审查结论效力低，备案审查制度仍然属于不作出具有法律效力的非正式监督。备案审查结果缺乏对溯及力的研究和规定。目前我国《备案审查法》正在酝酿中，可以期待备案审查拥有更多的制度空间。其中备案审查中合宪性审查还需要突出强调，来充分发挥备案审查应有的加强宪法实施、维护宪法权威的作用。

4. 地方机关对备案审查中的合宪性审查参与感低

早有观点认为提出合宪性审查只能由中央统一设置机构、统一行使职权，不能赋予地方各级人大等机关宪法监督的职责，因为宪法监督和宪法解释分不开，而宪法解释根据宪法规定又只能由中央进行。[1]"一极性"单一审查体制，即审查机关设置在中央，审查标准唯一，是符合我国国情的。[2]这些观点忽略了地方机关在职权上的独立性。在我国，宪法和宪法性法律原则性地配置了中央与地方权力，与此同时，宪法也保障了地方政府职权的独立性。这意味着，地方机关可以在职权范围内最大程度地行使法定的地方权力。在大力推进宪法监督的形势下，2023 年有"小宪法"之称的《立法法》经历了大修，但是也没有提及地方人大常委会合宪性审查内容，可以看出我国对涉宪性权力的分配是高度谨慎的。我国幅员辽阔，即使中央设置统一的合宪性审查机构统一受理，可能在制度运行初期也是不堪负累，影响宪法监督的效能。因此，地方国家机关有必要根据实际情况承担一定的合宪性审查职能。

关于对地方国家机关的选择，基于审慎的考虑，宜先从省级国家机关展开，逐步推进。地方人大常委会是地方最高权力机关的常设机关，在地方规范性文件备案审查中发挥着不可或缺的作用，是辅助中央进行合宪性审查的理想角色。全国人大常委会与地方人大常委会在备案审查职权上存在区别：

---

〔1〕 参见王叔文：《我国宪法实施中的几个认识问题》，载《中国社会科学院研究生院学报》1988 年第 5 期。

〔2〕 参见吴延溢：《中国特色合宪性审查的体制改革与机制创新》，载《思想战线》2023 年第 3 期。

全国人大常委会兼具宪法解释和宪法监督的职责，而地方各级人民代表大会则负责在本行政区域内保证宪法的实施，但并不具备解释宪法的权力，因此地方各级人民代表大会在合宪性审查方面的范围、方式和标准确应相应受到限制，但绝对不是完全没有任何权能。省级人民政府可以在合宪性审查中辅助省级人民代表大会常委会开展工作。根据《立法法》第 93 条，省级人民政府可以为执行法律、行政法规、地方性法规和属于本行政区域的具体行政事项制定规章。省级政府由于其在行政执法和行政立法中承担独特的作用，所以省级政府对存在合宪性问题的规范性文件接触范围广，可以在事实审查中积累建立初步合宪性审查标准的经验。但长期以来地方国家机关在备案审查过程中主要采取合法性标准，因为其有高度的明确性和较强的可操作性，而对于备案审查中的合宪性审查，地方机关参与感低，不仅是因为上文提到的理论与实务均囿于对地方机关是否能承担合宪性审查职能的问题之中，而且是由于地方机关对于合宪性审查的范围、方式和标准缺乏具体操作认识。

（二）备案审查中的合宪性审查实证研究

1. 备案审查中合宪性审查官方安排：基于 2017 年至 2023 年备案审查年报解读

基于前文对备案审查和合宪性审查的关系讨论，我们仍然可以在 2018 年至 2023 年全国人大常委会听取法制工作委员会备案审查工作年报（以下简称"备审年报"）中找到支撑。首先，从合宪性审查流程的启动来看，当备案审查过程中发现法律法规存在违宪嫌疑时，合宪性审查就可以由此展开。其次，从数量上看，大部分备案审查实践并未直接触及宪法层面的合宪性审查，然而，从功能与价值的角度分析，合宪性审查构成了备案审查的核心与重心。备案审查为合宪性审查提供了基础和素材，而合宪性审查则进一步提升了备案审查的质量和效果。合宪性审查在备审年报中的地位和作用逐渐加强。早期备审年报中较少涉及合宪性问题，但近年来全国人大常委会开始正面回应合宪性问题，并在备审年报中单列合宪性、涉宪性问题进行讨论。七年的备审年报中可以看出合宪性审查的逐步推进：2017 年之前，全国人大常委会未公开受理并审查过违宪案件，对合宪性问题不予回应。2017 年起，全国人大常委会开始听取和审议备案审查工作情况报告，逐步探索合宪性审查。2017年至2019年，全国人大常委会在备案审查中回避合宪性判断，但通过调研论证等方式推动相关法规的废止或修改。2020年，全国人大常委会在备审年报中首次单列"合宪性、涉宪性问题"，并公布相关案例，开始正面回应合宪性问题。备审年报是中央官方文件，其中相关内容可以看出宏观层面上备案审查中合宪性审查的官方安排。（见表1[1]）

表1

年份	备审年报中关于合宪性审查的相关内容
2017年	1. "拟着重从以下几方面加强和改进备案审查工作：……，加强与制定机关之间的沟通协商……对于存在违宪违法违规问题的，坚决予以纠正，防止久拖不决，切实增强监督实效。" 2. "构建起备案审查制度理论框架和话语体系，为更好开展备案审查工作提供指导，为推进合宪性审查工作奠定基础。"
2018年	1. "备案审查制度是保障宪法法律实施、维护国家法制统一的宪法性制度。" 2. "……依法对行政法规、地方性法规、司法解释等规范性文件开展合宪性、合法性、适当性审查。" 3. "……全国人大常委会对报送备案的法规、司法解释进行审查，对与宪法法律相抵触的法规、司法解释有权予以撤销、纠正。" 4. "进一步加强备案审查工作，保证党中央令行禁止，保障宪法法律实施……，开展合宪性审查工作，确保法规、司法解释与宪法规定、宪法精神相符合。"
2019年	1. "我国目前已经形成由党委、人大、政府、军队等各系统分工负责、相互衔接的各类规范性文件备案审查制度机制，……接受备案的各机关对报送备案的相关规范性文件进行审查，对与宪法、法律和上位法规定相抵触的有关规范性文件有权予以撤销、纠正。"

---

［1］ 参见《全国人民代表大会常务委员会法制工作委员会关于2017年备案审查工作情况的报告》《全国人民代表大会常务委员会法制工作委员会关于2018年备案审查工作情况的报告》《全国人民代表大会常务委员会法制工作委员会关于2019年备案审查工作情况的报告》《全国人民代表大会常务委员会法制工作委员会关于2020年备案审查工作情况的报告》《全国人民代表大会常务委员会法制工作委员会关于2021年备案审查工作情况的报告》《全国人民代表大会常务委员会法制工作委员会关于2022年备案审查工作情况的报告》《全国人民代表大会常务委员会法制工作委员会关于2023年备案审查工作情况的报告》。

续表

年份	备审年报中关于合宪性审查的相关内容
2019 年	2. "……进一步加强改进备案审查工作,通过备案审查保证党中央令行禁止,保障宪法法律实施,保护公民合法权利。" 3. "……紧紧围绕保证党中央决策部署和宪法法律规定贯彻落实开展备案审查工作……。" 4. "……对于存在违宪违法问题的,坚决予以纠正,切实增强备案审查监督实效。" 5. "备案审查……同一些新领域工作,如推进合宪性审查工作、人大宣传工作等,也有不少关联。"
2020 年	1. "……全国人大常委会通过加强对法规、司法解释、特别行政区法律的备案审查,保证党中央令行禁止,保障宪法法律实施,保护公民、组织合法权益,保障"一国两制"方针得到全面准确实施。" 2. "法制工作委员会在全国人大常委会领导下,与全国人大专门委员会、常委会办公厅和有关工作机构密切配合,坚持以习近平新时代中国特色社会主义思想特别是习近平法治思想为指导,贯彻党中央精神,遵循宪法和法律规定,严格执行委员长会议通过的《法规、司法解释备案审查工作办法》……备案审查工作取得新进展。" 3. "……积极稳妥处理合宪性、涉宪性问题……,认真贯彻党中央关于推进合宪性审查的指导意见,积极稳妥推进合宪性审查工作……探索在合宪性审查中适时解释宪法。" 4. "……推动构建以备案审查为基础的中国特色宪法监督理论体系,推动备案审查学科建设。"
2021 年	1. "我们着力加强主动审查力度,……对审查中发现存在合宪性、合法性、适当性等问题的,及时与制定机关沟通,督促解决。" 2. "我们着力增强备案审查制度刚性,就法规、司法解释等规范性文件中的合宪性、合法性、适当性等问题开展审查研究。" 3. "进一步加强备案审查理论研究,加快构建中国特色社会主义宪法监督制度理论体系。"
2022 年	1. "根据有关法律的规定,国务院、中央军事委员会、最高人民法院、最高人民检察院和省、自治区、直辖市的人大常委会认为有关法规、司法解释等规范性文件同宪法或者法律相抵触的,可以向全国人大常委会书面提出进行审查的要求,……有关国家机关和社会团体、企业事业组织以及公民认为有关法规、司法解释等规范性文件同宪法或者法律相抵触的,可以向全国人大常委会书面提出审查建议。" 2. "……在备案审查工作中加强合宪性问题审查研究,切实维护国家法治统一……,我们在备案审查工作中自觉增强宪法意识,推进合宪性审查工作,……弘扬宪法精神,维护宪法权威和国家法治统一。"

续表

年份	备审年报中关于合宪性审查的相关内容
2022 年	3. "……在备案审查工作中准确把握和阐明与宪法规定有关的内容。"
2023 年	1. "在备案审查工作中加强对合宪性、涉宪性问题审查研究，维护宪法权威和法治原则。" 2. "……通过备案审查加强对宪法实施的监督。" 3. "……对报送备案的或者现行的法规、司法解释等规范性文件，经审查，发现存在合宪性、合法性、适当性问题的，督促和推动有关规范性文件制定机关及时予以修改、废止或者制定新的规定取代原有规定。" 4. "认真做好香港、澳门两个特别行政区本地法律备案审查工作。"

由表 1 可以得出，2017 年，通过备案审查推动合宪性审查被正式提上日程，备案审查机制在构建合宪性审查制度的过程中起到了关键的支撑作用。2018 年，强调备案审查制度是一项"宪法性制度"，突出人大的备案审查的主导地位，这就要求加强合宪性审查在备案审查的作用。指出备案审查中的合宪性审查保证党中央令出必行，保障宪法法律实施的作用。2019 年，介绍我国已形成党委、人大、政府、军队等系统备案审查制度，并要求在各备案审查制度中纠正合宪性问题；点明备案审查的工作依据：党中央决策部署和宪法法律；增强备案审查实效；2020 年，首次单列直陈"合宪性、涉宪性问题"，并列举三个案例；更新备案审查的工作依据：习近平新时代中国特色社会主义思想、中国共产党中央精神、宪法和法律规定、《法规、司法解释备案审查工作办法》；增加备案审查的功能：保障"一国两制"方针得到全面准确实施这一国家统合功能；探索宪法解释和合宪性审查制度的配合；强调备案审查是中国特色宪法监督理论体系基础。2021 年，加强主动审查力度、着力增强备案审查制度刚性、加快中国特色宪法监督理论体系建设。2022 年，介绍合宪性审查的启动：有权机关可以向全国人大常委会提出审查要求，其余主体可以向全国人大常委会提出审查建议，合宪性审查的程序日益规范，包括审查建议的提出、审查意见的反馈、制定机关的修改完善等环节均有明确规定；再次强调备案审查中合宪性审查的重要性。2023 年，突出备案审查的纠正功能，合宪性审查的结果得到有效落实，制定机关能够按照审查意见及时修改完善或废止不合宪的规范性文件。

总结来说，备案审查中合宪性审查官方安排主要有以下几点：第一，备案审查的定位是中国特色法律监督制度的基础性制度。第二，备案审查中的合宪性审查的重要性与日俱增，合宪性审查被推向前台，合宪性审查的标准逐渐明确，注重审查规范性文件是否与宪法规定、宪法原则、宪法精神相一致。第三，备案审查制度的体系趋于健全、刚性不断显现、实效不断增强。第四，通过备案审查制度，合宪性审查的功能发挥得当。

2. 备案审查中合宪性审查的规范现状：基于央地备案审查规范性文件梳理

我国从行政法规、地方性法规、地方政府规章到党内法规和规范性文件，再到军事规章和军事规范性文件，都建立了相对完善的备案审查机制。早在1990 年，国务院就发布了《法规、规章备案规定》，明确了地方性法规、国务院部门规章和地方人民政府规章报送国务院备案的程序及审查内容和程序。为落实立法法和监督法的规定，全国各省、自治区、直辖市人大常委会纷纷制定或修订了关于规范性文件备案审查的地方性法规。自 1987 年起，各地人民政府相继建立了规范性文件备案制度，并随着《立法法》的实施而不断健全和完善。截至 2011 年，所有省、自治区、直辖市人民政府都已颁布规范性文件制定和备案审查办法（规定）。2012 年，中共中央制定并施行了《中国共产党党内法规制定条例》和《中国共产党党内法规和规范性文件备案审查规定》，确立了党内法规和规范性文件的备案审查制度。2003 年和 2017 年，中央军委分别制定和重新发布了《军事法规军事规章条例》和《军事立法工作条例》，建立了军事规章和规范性文件备案审查制度。通过对各系统关于备案审查规范性文件的研究，不难发现人大系统的规定最为完善，且有相当一部分人大立法考虑到了合宪性审查问题；中央立法比地方立法更加突出对合宪性问题的重视；党内法规备案审查体系思想对其他备案审查体系规制有指导作用。本部分选取人大系统的省级地方性法规和中央备案审查相关规范性文件，梳理备案审查中的合宪性审查规范现状。（见表 2、表 3）

表 2

	详情	具体省级地方性法规
合宪性审查内容	规范性文件可能存在不符合宪法规定、宪法原则或者宪法精神的情形或问题	河南省、北京市、广东省、贵州省、河北省、吉林省、江西省、青海省、山西省、上海市、四川省、天津市、新疆维吾尔自治区、云南省、重庆市
	规范性文件存在违背宪法规定、宪法原则、宪法精神的问题	安徽省
	可能存在违背宪法规定、宪法原则、宪法精神等合宪性问题	西藏自治区
报送义务	人大常委会逐级报告，由省人大常委会向全国人大常委会书面提出合宪性审查请求	河南省、河北省、江西省、西藏自治区
	由省级人民代表大会常务委员会及时向全国人民代表大会常务委员会书面提出合宪性审查请求	北京市、广东省、吉林省、天津市
	县级以上人民代表大会常务委员会应当及时向全国人民代表大会常务委员会书面提出合宪性审查请求	云南省、四川省、山西省、青海省、贵州省
	应当向全国人大常委会报告	上海市
	有关人大常委会及时向全国人大常委会书面提出合宪性审查请求	新疆维吾尔自治区、重庆市
	按国家有关规定处理	安徽省

由表 2 可知，31 个省、自治区、直辖市中，安徽、吉林、北京、天津、河北、河南、山西、河南、上海、江西、重庆、贵州、四川、云南、青海、新疆和西藏在备案审查中特别注重对合宪性问题的审查和报送。绝大多数省初步审查标准是"可能存在不符合宪法规定、宪法原则或宪法精神情形"，不必达到审查认为"存在不符合宪法规定、宪法原则或宪法精神情形"的程度就要启动报送程序，这体现了地方国家机关在合宪性审查中的初步事实审查功能。报送程序是根据人大制度设定的权力分配格局进行的，西藏、江西、河北和河南都要求发现可能存在合宪性问题的人大常委会逐级上报给省级人

大常委会，由省级人大常委会向全国人大常委会汇报。而云南、四川、山西、青海、贵州则没有明确提出逐级上报要求，而是规定"县级以上人民代表大会常务委员会应当及时向全国人大常委会书面提出合宪性审查请求"，北京、广东、吉林和天津直接规定由省级人大常委会承担向全国人大常委会报告的职能，其中是否暗含逐级上报的要求以及省级人大常委会在报送中是否还需要进一步审查的问题，因无具体规定还值得研究讨论。上海、新疆、重庆规定十分宽泛，上海只规定了地方机关在备案审查中有向全国人大常委会报告合宪性问题的任务，没有规定主体，新疆和重庆规定了报送主体"有关人大常委会"，但仍很宽泛。此外，必须提及的是，《安徽省各级人民代表大会常务委员会实行规范性文件备案审查的规定》（2021修订）中"发现规范性文件存在违背宪法规定、宪法原则、宪法精神问题的，按照国家有关规定处理"，疑似赋予县级地方各级人大常委会过多审查权，需要达到"发现存在"合宪性问题才按照国家规定处理，也没有明确报送义务和程序。人大系统的地方立法虽然水平不一，标准不统一，但是地方人大在备案审查中的作用是不可忽视的，因其工作的广泛性其发现合宪性问题的可能性也大于中央，这就要求中央在指导地方立法、统一备案审查中的合宪性审查要求的过程中，适度拓展地方在备案审查中进行合宪性审查的空间。

表 3

序号	文件名称	合宪性审查内容
1	《法规、司法解释备案审查工作办法》	（1）第1条：为了规范备案审查工作，加强备案审查制度和能力建设，履行宪法和立法法、监督法等有关法律的规定，制定本办法。 （2）第20条：对法规、司法解释及其他有关规范性文件中涉及宪法的问题，宪法和法律委员会、法制工作委员会应当主动进行合宪性审查研究，提出书面审查研究意见，并及时反馈制定机关。 （3）第36条：存在违背宪法规定、宪法原则或宪法精神。
2	《法规规章备案审查条例》	第1条：为了规范法规、规章备案审查工作，提高备案审查能力和质量，加强对法规、规章的监督，维护社会主义法制的统一，根据《中华人民共和国立法法》的有关规定，制定本条例。

续表

序号	文件名称	合宪性审查内容
3	《全国人民代表大会常务委员会关于完善和加强备案审查制度的决定》	(1) 第5条：在备案审查工作中注重审查法规、司法解释等规范性文件是否存在不符合宪法规定、宪法原则、宪法精神的内容，认真研究涉宪性问题，及时督促纠正与宪法相抵触或者存在合宪性问题的规范性文件。在备案审查工作中落实健全宪法解释工作程序的要求，准确把握和阐明宪法有关规定和精神，回应社会有关方面对涉宪问题的关切。 (2) 第6条：常务委员会工作机构对审查建议进行初步审查，认为建议审查的法规、司法解释可能与宪法或者法律相抵触，或者存在合宪性、合法性问题的，应当启动审查程序。地方各级监察委员会、人民法院、人民检察院在监察、审判、检察工作中发现法规、司法解释同宪法或者法律相抵触，或者存在合宪性、合法性问题的，可以逐级上报至国家监察委员会、最高人民法院、最高人民检察院，由国家监察委员会、最高人民法院、最高人民检察院向全国人民代表大会常务委员会书面提出审查要求。 (3) 第9条：加强备案审查衔接机制：其他机关在备案审查工作中发现法规、司法解释存在合宪性、合法性问题，移送全国人民代表大会常务委员会工作机构审查处理或者提出有关工作建议的，常务委员会工作机构应当进行审查。 (4) 第11条：明确审查重点内容：是否符合宪法规定、宪法原则和宪法精神。 (5) 第14条：针对制定机关未按照书面审查意见或者处理计划对法规、司法解释予以修改、废止的情况，全国人民代表大会专门委员会、常务委员会工作机构可以依法提出下列议案、建议，由委员长会议决定提请常务委员会会议审议决定：确认有关法规、司法解释与宪法、法律相抵触或者违背宪法、法律的原则和精神，要求制定机关限期修改或者废止。
4	《中国共产党党内法规和规范性文件备案审查规定》（2019年修订）	(1) 第11条：……（二）合法合规性审查。包括是否同宪法和法律相一致。 (2) 第19条：党内法规和规范性文件存在下列情形之一，审查机关应当不予备案通过，并要求报备机关进行纠正：……（二）违反宪法和法律的。

续表

序号	文件名称	合宪性审查内容
5	《中华人民共和国立法法》（2023 修正）	1. 第 5 条：依宪立法原则。 2. 第 23 条、第 36 条、第 58 条：明确法律案起草和审议过程中的合宪性要求。 3. 第 98 条：是否存在与宪法相抵触的内容。 4. 第 110 条、第 112 条：明确提出合宪性问题审查要求、审查建议的主体；对存在合宪性问题的，规定了处理的主体和程序。
6	《监督法》（2024 年）	1. 第 5 条：全国人民代表大会常务委员会监督宪法和法律的实施，地方各级人民代表大会及其常务委员会在本行政区域内保证宪法、法律、行政法规和上级人民代表大会及其常务委员会决议的遵守和执行，维护国家法治统一、尊严、权威。 2. 第 42 条：有权机关可以对最高人民法院、最高人民检察院作出的具体应用法律的解释向全国人大常委会提出合宪性审查要求，将"国家监察委员会"纳入可以对司法解释提出审查要求的国家机关的范围；其他国家机关和社会团体、企业事业组织以及公民可以对最高人民法院、最高人民检察院作出的具体应用法律的解释向全国人大常委会提出合宪性审查建议。 3. 第 43 条：规定全国人民代表大会宪法和法律委员会、有关专门委员会、常务委员会工作机构对最高人民法院或者最高人民检察院作出的具体应用法律的解释进行合宪性审查的程序

由表 3 可知，我国现行规范性文件备案审查基本依据主要是《关于完善和加强备案审查制度的决定》《法规、司法解释备案审查工作办法》和《法规规章备案审查条例》。宪法性法律也是备案审查工作的重要指引，2023 年《立法法》具有特别的意义，对于完善备案审查制度、明确合宪性审查相关要求意义重大，对于合宪性审查的标准，2023 年《立法法》增加了"合宪性问题"这个标准，不限于"同宪法相抵触"标准。2024 年《监督法》衔接2023 年《立法法》更新了许多合宪性审查内容。在不同备案审查系统中，人大系统的文件比较重视备案审查中的合宪性审查工作，但是没有合宪性审查具体的认定操作标准，也没有与上文提到的对地方人大就合宪性问题进行报送的接收规定。政府系统的文件更注重合法性审查。通常我们可以在党内文件中找到指导意义，但是关于党内法规备案审查中合宪性审查规定也是概括性的。

3. 备案审查中涉及合宪性审查的案例研究：基于备审年报案例〔1〕、集中披露案例〔2〕

表 4

审查详情 案例名称	审查背景	审查启动	审查说理	审查沟通	审查结果
收容教育制度合宪性审查案	收容教育制度依据1991年《严禁卖淫嫖娼决定》建立，1997年《刑法》吸纳其刑事部分，但其收容教育制度作为行政措施仍有效近年来该措施使用减少，人数下降，部分地方已停止	公民提出审查建议	法制工作委员会审查认为，情况已经发生了很大变化，继续执行有关制度措施已不合时宜	经调研沟通，有关方面逐渐形成共识	2019年12月，全国人大常委会已废止有关收容教育法律规定和制度
司法解释关于人身损害赔偿标准合宪性审查案	最高人民法院司法解释规定，人身损害赔偿案件中，对城镇居民和农村居民分别以城镇居民人均可支配收入和农村居民人均纯收入为标准计算残疾赔偿金和死亡赔偿金	公民提出审查建议	法制工作委员会审查认为，随着社会发展进步，国家提出城乡融合发展，城乡发展差距和居民生活水平差距将逐步缩小，城乡居民人身损害赔偿计算标准的差异也应当随之取消	法制工作委员会与最高人民法院沟通，建议在总结试点经验的基础上，适时修改完善人身损害赔偿制度，统一城乡居民人身损害赔偿标准	有关司法解释采纳建议修改

---

〔1〕 参见《全国人民代表大会常务委员会法制工作委员会关于2018年备案审查工作情况的报告》《全国人民代表大会常务委员会法制工作委员会关于2019年备案审查工作情况的报告》《全国人民代表大会常务委员会法制工作委员会关于2020年备案审查工作情况的报告》《全国人民代表大会常务委员会法制工作委员会关于2021年备案审查工作情况的报告》《全国人民代表大会常务委员会法制工作委员会关于2022年备案审查工作情况的报告》《全国人民代表大会常务委员会法制工作委员会关于2023年备案审查工作情况的报告》。

〔2〕 参见全国人大常委会法制工作委员会法规备案审查室编著：《规范性文件备案审查案例选编》，中国民主法制出版社2020年版，第2页。

审查详情 案例名称	审查背景	审查启动	审查说理	审查沟通	审查结果
地方民族学校语言文字使用规定合宪性审查案	有的地方性法规规定，各级各类民族学校应当使用本民族语言文字或者本民族通用的语言文字进行教学；有的规定，经本地教育行政部门同意，有条件的民族学校部分课程可以用汉语言文字授课	国务院有关部门提出审查建议	法制工作委员会审查认为，宪法和有关法律已对推广普及国家通用语言文字作出明确规定，包括民族地区在内的全国各地区应当全面推行国家通用语言文字教育教学	经沟通，制定机关已废止有关法规	制定机关已废止有关法规
强制亲子鉴定规定合宪性审查案	有的地方性法规规定，有关行政部门为调查计划生育违法事实，可以要求当事人进行亲子鉴定；对拒不配合的，处以一万元以上五万元以下罚款	公民提出审查建议	法制工作委员会审查认为，亲子关系涉及公民人格尊严、身份、隐私和家庭关系和谐稳定，属于公民基本权益，受宪法法律保护，地方性法规不宜规定强制性亲子鉴定的内容，也不应对此设定相应的行政处罚、处分、处理措施	经沟通，制定机关已对相关规定作出修改	制定机关已对相关规定作出修改
市辖区议事协调机构通告合宪性审查案	有的市辖区议事协调机构发布通告，对涉某类犯罪重点人员采取惩戒措施，其中对涉罪重点人员的配偶、子女、父母和其他近亲属在受教育、就业、社保等方面的权利进行限制	公民提出审查建议	法制工作委员会审查认为有关通告对涉罪人员近亲属多项权利进行限制，违背罪责自负原则，不符合宪法第二章关于"公民的基本权利和义务"规定的原则和精神	与有关主管部门督促有关机关对通告予以废止，支持有关主管部门在全国范围内部署开展自查自纠，防止、避免出现类似情况	地方按照要求停止执行并撤回该公告，全国范围内针对该问题的整改排查已经展开

审查详情 案例名称	审查背景	审查启动	审查说理	审查沟通	审查结果
关于民航发展基金征收的合宪性审查案	《民航发展基金征收使用管理暂行办法》规定，在中国境内的航空旅客以及航空公司应当按照本办法规定缴纳民航发展基金	公民提出审查建议	法制工作委员会审查认为，征收民航发展基金不属于宪法第13条第3款规定的对私有财产的征收或者征用，不存在与宪法相抵触的问题。但是，征收民航发展基金依据的是国务院文件和有关部门规章，与2014年修改后的预算法第9条第1款关于政府性基金依照法律、行政法规的规定征收的规定不符	法制工作委员会建议司法部，如果需要继续征收民航发展基金，应当及时完善相关法律或者行政法规依据	征收民航发展基金不存在与宪法相抵触的问题，但需要跟进完善合法性依据
司法解释规定上级人民检察院调用辖区内的检察人员办案行为合宪性审查案	有司法解释规定，上级人民检察院可以依法统一调用辖区内的检察人员办理案件，经上级人民检察院作出调用决定，被调用的检察官可以代表办理案件的人民检察院履行出庭支持公诉等各项检察职责	公民提出审查建议	法制工作委员会审查认为，宪法和有关组织法等法律共同构成检察权行使的法律依据，根据人民检察院组织法有关规定，上级人民检察院可以调用辖区内的检察人员办理案件；被调用的检察人员代表办理案件的人民检察院履行出庭支持公诉等各项检察职责的，须经本级人大常委会作出相关任职决定	法制工作委员会向有关制定机关提出了研究意见，建议予以考虑	

续表

审查详情　　　　案例名称	审查背景	审查启动	审查说理	审查沟通	审查结果
地方性法规授权公安机关交通管理部门调查交通事故时查阅、复制当事人通讯记录权合宪性审查案	有的地方性法规规定，公安机关交通管理部门调查交通事故时可以查阅、复制当事人通讯记录；2019《甘肃省道路交通安全条例》第76条规定与《宪法》第40条规定不一致；2019《内蒙古自治区实施〈中华人民共和国道路交通安全法〉办法》第50条规定与《宪法》第40条规定不一致	法工委会动查制作员主审	法制工作委员会审查认为，该规定不符合保护公民通信自由和通信秘密的原则和精神；对公民通信自由和通信秘密保护的例外只能是在特定情形下由法律作出规定，有关地方性法规所作的规定已超越立法权限	经沟通，已向制定机关指出问题	制定机关已经修改有关规定
《中华人民共和国人民武装警察法》（以下简称《人民武装警察法》）关于人民武装警察部队领导体制的规定合宪性审查案	《人民武装警察法》第3条规定，人民武装警察部队由国务院、中央军事委员会领导。而宪法第93条规定，中华人民共和国中央军事委员会领导全国武装力量	公民提出审查建议	法制工作委员会审查认为，审查建议所反映的问题实际上已经纳入解决议程。因为在此之前，全国人大常委会作出了《关于中国人民武装警察部队改革期间暂时调整适用相关法律规定的决定》，明确规定："人民武装警察部队改革期间，暂时调整适用《中华人民共和国国防法》《中华人民共和国人民武装警察法》部分内容。"	法制工作委员会向审查建议人作了口头反馈	完成人民武装警察部队改革后，2020年6月，通过新修订的《人民武装警察法》

综合表 4 案例，可以看出备案审查中合宪性审查不断在实践中落地。第一，备案审查中的合宪性审查内容主要集中在审查案件是否与宪法规定相抵触、是否超越宪法赋予的权限及程序要求、是否侵犯公民的基本权利、是否不合理扩大国家机关职权、是否违反宪法原则、是否不符合宪法精神等。第二，合宪性审查由全国人大常委会法制工作委员会负责开展，其中，公民、组织和其他国家机关提出的审查建议占绝大多数，法定有权国家机关的审查要求为 0，人大常委法制工作委员会主动审查案件的情况也存在。第三，暂无来自人大系统的备案审查中涉及合宪性问题的"逐层报送"案件公布。第四，目前审查对象是法律以下的法规、规章、规范性文件。第五，公布案例说理简单。在结构上很精简，基本上是"审查对象内容、审查理由与结论、纠正处理方式"这样的结构，在程度上不够深入，只能给出"符合"或者"不符合""不宜规定"等初步判断，至于该合宪性问题究竟是什么性质的，无法给出答案。

三、备案审查中合宪性审查标准的构建

前文提到，备案审查中的合宪性审查标准不清，操作性差，要求学界和实务界在厘清备案审查和合宪性审查的关系、合宪性审查的功能定位等问题时，在官方文件说理层面、案例指导方面不断积累经验，细化合宪性审查标准内容。我国合宪性审查机关在很长一段时间内对"涉宪性"问题不回应，一直把审查重点放在合法性问题的审查上。这一现象的原因之一就是理论和实务对于合宪性标准到底有什么内容没有具体化的统一观点。需要说明的是，备案审查中的合宪性审查只是备案审查众多审查内容之一，具体来说，根据中央文件精神，备案审查主要有四个审查内容：合宪性审查、政治性审查、合法性审查、适当性审查。审查内容解决"审查什么"的问题，审查标准解决"怎么审查"的问题。本部分论及的就是对合宪性问题"怎么审查"的问题。

基于立法实践和实务，有权机关进行合宪性审查主要是将宪法规定、宪法原则和宪法精神和待审规范性文件进行对比审视，以判断其是否与宪法"相抵触"或"存在合宪性问题"。具体来说，第一，宪法规定是合宪性审查标准的主要内容。宪法规定即宪法文本，是在表达事实的基础上，从应然层

面以法律的形式规定国家机关遵守的规则和公民享有的权利。从宪法规范学来说，法学界的任务就是把握宪法的时代精神，构建稳定的宪法价值体系，解决不同宪法规范之间的冲突。因此，合宪性审查的宪法规定依据是需要谨慎选择的，不能仅从单一的宪法文本去找根据，因为不同的宪法规范之间存在价值次序，需要有权机关衡量取舍。但从这一点看，即使是宪法文本中存在相关明文规定，也并不必然意味着可以直接引用，而是需要进行一定的解释工作的。第二，宪法原则也是合宪性审查的重要标准来源。宪法原则是基于长期的立宪实践和对宪法独特性的认识，为防止特权，确保权力不被滥用而确立起来的。从宪法原则的适用角度，宪法原则又分为基本原则和具体原则，宪法基本原则更多地体现了宪法的基本原理和价值取向，是关于公民与国家关系的根本性的宣示，服务于宪法的构建和修改。而宪法具体原则更侧重于宪法的解释和适用，是关于公民与国家具体互动关系的准则，具有相对独立性和稳定性。我国的宪法基本原则通说有：人民主权原则，即"中华人民共和国的一切权力属于人民"；基本人权原则，即宪法保护人作为人应该享有的权利，在我国体现为保护公民基本权利；权力制约原则，即国家机关之间相互监督，以保障公民权利；法治原则，即"任何组织或者个人不得有超越宪法和法律的特权""中华人民共和国公民在法律面前一律平等"等。而我国宪法具体原则则存在于宪法制度设计和安排之中，在宪法性法律文件中亦有体现，存在较大解释空间。从宪法原则的功能角度，具体可分为目的性宪法原则和手段性宪法原则，前者包括反对特殊权力、特殊权利和特殊权势的原则，后者则包括人民主权原则、宪法至上原则等首要性原则，以及法律优先原则、依法行政原则等辅助性原则。[1]从反特权角度考虑，涉及限制国家机构权力和保护公民合法权益的做法都可以考虑被宪法原则所包含，反之，如果不利于反特权这一目的的实现、妨碍反特权手段的运行的，都将可以被认为不符合宪法原则。第三，宪法精神是宪法的真正本质和核心，是"国家权力体制的人本化"，统率宪法的基本原则、内容。[2]宪法精神时刻体现人的权利是国家权力的合法基础、人的权利是国家权力的存在目的。宪法精神可

---

[1]　参见莫纪宏：《论宪法原则》，载《中国法学》2001年第4期。

[2]　参见范毅：《论宪法精神的概念》，载《现代法学》2004年第2期。

以从宪法文本及其历史背景、制定过程、主要任务等文本外因素中提炼、论证、引申出来，也可以结合全国人大常委会等官方文件以及具体案例来把握具体、规范的宪法精神。在合宪性审查中，应坚持宪法精神的唯一性和激励性，避免对宪法精神概念的稀释和混淆，确保宪法精神在全社会范围内的普及和弘扬。[1]

然而，上述对合宪性审查标准的文本理论分析有机械涵摄之嫌，不足以构建成体系的审查标准。学界和实务真正期待的，是对宪法规定、宪法原则和精神加以总结提炼，结合合宪性审查实践，形成一种可以反复适用的合宪性审查标准进路。作者于此处尝试提出以下两个具体标准，并粗略勾勒审查体系，供实务参考。

（一）尊重和保障公民基本权利标准

区别于西方的"普世人权"，我国宪法人权保障的原则是通过对公民基本权利的确立和保护体现的。我国《宪法》第33条第3款规定"国家尊重和保障人权。"这给予了基本权利开放性，宪法条文未列明的权利可以由此条为规范依据入宪。我国公民基本权利主要有平等权、政治权利、宗教信仰自由、人身自由、社会经济权利、文化教育权利、监督权和请求权。近年来，新兴权利活跃，有学者研究新兴权利入宪确立其基本权利地位，可见公民基本权利是一个发展的内涵丰富的概念，是一个可以进行权利推定的概念。基本权利在宪法确立的"国家-公民"的宪法体系中占据核心地位：一方面，基本权利是宪法存在的根本目的和核心价值所在，为个人的自由和尊严提供了坚实的法律基础。另一方面，基本权利不仅是国家权力合法性的基础，还限定了国家权力的行使范围。国家的一切行为都必须以尊重和保障基本权利为出发点和归宿。[2]随着社会的不断进步，对公民基本权利的不当限制日益增多，且法律本身存在滞后性，导致某些情况下法律无法充分保护基本权利。随着合宪性审查制度的不断完善，将其作为一种基本权利的救济方式是可行的。因此明晰合宪性标准具体内容中引入尊重和保障公民基本权利视角契合未来

---

〔1〕　参见左亦鲁：《合宪性审查中的宪法精神》，载《中国法学》2024年第3期。

〔2〕　参见杜承铭：《论基本权利之国家义务：理论基础、结构形式与中国实践》，载《法学评论》2011年第2期。

发展趋势。

面对如此重要而丰富的基本权利，在合宪性审查中，如何判定具体案件对公民基本权利不合理限制或减损，以至于可以达到不合宪的程度呢？一般认为，基本权利不仅能对抗国家行为，还能在受到第三人威胁时为国家设定主动作为的义务。可以看出，对公民基本权利的合宪性尊重和保障对应了两点：分别是，当公民权利受到第三人危害时，公民有权请求国家用积极行为阻止第三人侵害；当公民权利受到国家行为不合宪限制时，公民有权对抗国家的行为。这两点要求国家对公民权利进行合宪保护，国家也可以对公民权利进行合宪限制。在宪法和法律的框架下，对基本权利的肯定与保护始终处于首要位置，这是讨论任何制约与限制的前提，对基本权利的限制只是为了实现基本权利价值过程中所采取的一种手段。

就第一点来说，如何评估待审规范性文件对公民权利的保护？对规范性文件的合宪性审查，首先要审查该文件里关于基本权利的保护是属于法律上形成的保护范围还是事实上形成的保护范围。前者由立法界定，围绕基本权利的核心形成，并考虑国家履行保障义务的可能性基本权利；后者则通过法律解释确定，基于人的本质属性和社会共识形成。[1]若待审内容属于宪法规定界定的基本保护范围，则可以据宪法规定对该权利进行保护；若待审内容属于事实上形成的保护范围，则可以依通过对宪法进行文义解释、体系解释以及目的解释等方法，将该权利合理地纳入宪法原则和精神所蕴含的应有之义中。其次，要审查待审规范性文件对基本权利的保护程度。宪法对各项基本权利的保护程度是存在差异的，规范领域越窄，基本权利的保护程度通常越高，对公权力裁量余地的限制也就越大。[2]同时，宪法对基本权利的保护程度也传达着宪法对某些价值的重视程度。例如，宪法对公民的人身自由权保护程度极高，极其重视人身自由的价值。公民的人身自由权规范领域主要涵盖公民生命权、人身自由、人格权、住宅不受侵犯权、通信自由和通信秘密权，即以人身自由为展开点，涵盖人格、住宅、通信、生命范围，规范领域越

---

〔1〕　参见王锴：《基本权利保护范围的界定》，载《法学研究》2020 年第 5 期。

〔2〕　参见杜强强：《基本权利的规范领域和保护程度——对我国宪法第 35 条和第 41 条的规范比较》，载《法学研究》2011 年第 1 期。

小，保护程度就越高。若待审规范性文件中公权力对人身自由权的干涉没有足够充分的理由，即构成不合宪情形。最后，待审规范性文件是否体现国家保护义务的履行也是重要的评估标准。国家保护义务是指国家有责任在公民基本权利遭受私人侵害时，采取积极措施予以保护，而不是只是做到不侵犯公民权利。《宪法》第 13 条第 2 款、第 36 条第 3 款、第 48 条第 2 款、第 49 条第 1 款、第 50 条等都明确以"国家保护"的字眼提到了国家保护义务，若待审规范性文件中国家机关对上述领域未尽宪法规定的国家保护义务，也可以构成"不合宪"。由于宪法的弱制裁性，我国国家保护义务强制性较弱，但是在合宪性审查中，完全可以依据国家保护义务对待审规范性文件进行评估。

就第二点来说，如何界定待审规范性文件合宪限制程度？对于公民权利的限制性源自对自由与社会秩序平衡的深刻理解，体现在多个理论层面：权利限度理论、权利滥用限制理论和权利相对性理论等。总的来说，基本权利的可限制性是基于对自由与社会秩序平衡的考虑，旨在防止权利滥用，维护社会公共利益和法治秩序。这种限制应当是规范化的，并寻求个人权利与社会利益之间的平衡。同时，我们也应认识到权利的相对性，尊重他人权益，共同构建和谐社会。

关于如何衡量对公民权利的限制，可以考虑以下两种进路。第一，从正面确定对公民基本权利的合宪限制程度；第二，从反面确认对公民基本权利的不合宪限制。由于第一种进路范围太大，不仅要综合衡量公共利益还要确定防止对私益产生侵害的程度，所以第二种进路更为适合。现代基本权利限制理论非常关注"后果"，如果基本权利实际上受到了限制和妨碍，则构成基本权利的限制。[1]这就要求在探讨基本权利限制时，必须明确其限度和底线，也即不得损害其本质内容。多国宪法都明确规定，对基本权利的限制不得损害其本质内容。基本权利的本质内容，尤其是人格尊严，是绝对的、不可剥夺的。它构成了个人生活领域中不受国家干预的绝对保护区，任何形式的国家干预，只要触及这一核心内容，都将被视为违宪。[2]无论在任何情况下，包括危急事态，国家都不得触及个人基本权利的本质内容或核心范围，这一

---

[1] 参见张翔：《基本权利限制问题的思考框架》，载《法学家》2008 年第 1 期。
[2] 参见柳建龙：《论宪法漏洞的填补》，载《政治与法律》2020 年第 11 期。

本质内容排除了比例原则等权衡手段的应用，即使是宪法修改，也不能克减这些核心内容。关于权利的本质内容的具体含义，学界和实务并无定论，主要是通过以要素解释法为代表的法律解释方法来从各个角度界定，但总是离不开"自由"和"利益"这两种要素。

在划定对基本权利限制的底线后，进入对基本权利的审查中，可以将具体审查分为形式审查和实质审查。关于形式审查，法律保留原则是主要的审查标准。法律保留具有双重性质：它既是立法机关对基本权利进行限制的一种手段，也是衡量某项规范性文件是否符合宪法的一个形式标准。当作为合宪性审查的形式标准时，宪法保留的重要性要高于法律保留，宪法保留的核心作用是评估立法或行政行为是否遵循了规定的程序和方式，从而避免了对基本权利的任意或过度限制。尽管宪法的大部分条款可以通过立法具体化，但仍有一部分条款因其根本性和特殊性而保留在宪法中，不得由立法机关随意变更。[1]若待审规范性文件规定的内容属于宪法保留事项则构成与宪法"相抵触"。关于实质审查，运用基本权利的三阶层分析框架是可提倡的选择：第一步，合宪性审查机构首先应当判断系争规范性文件对宪法中何种基本权利构成了限制；第二步，考察系争规范性文件对宪法中何种基本权利构成了何种程度的限制；第三步，在认定系争规范性文件构成对基本权利的限制后，结合事实运用比例原则的分析工具审查规范性文件是否构成对基本权利的过度限制。在规范性文件制定者语境下，比例原则首先要求规范性文件中限制公民基本权利的行为必须严格限定在公共利益所必需的范围内，必须旨在实现宪法认可的目标。其次，立法者在追求特定宪法目的时，所采取的手段与目的之间必须具备适当的关联性。最后，当存在多种可达成目的的手段时，应选择对公民基本权利侵害最小的那种手段。此外，立法者所追求的法益与因此可能侵害的法益之间，必须维持一个合理的平衡状态，以确保权利限制的必要性和适度性。这四个审查步骤须依次进行，步步筛查。

---

〔1〕　参见莫纪宏：《新立法法视角下宪法保留原则的特征及其规范功能》，载《政法论坛》2023年第5期。

(二) 国家权力正当运行标准

合宪性审查是对公共权力监督的最高形式。[1]合宪性审查的另一个标准就是审查国家权力是否正当运行。宪法作为我国最高法和根本法规定了国体和政体，从而决定了我国国家权力组织运行的原则是民主集中制。那么，合宪的国家权力应当是正当运行的，换句话说，合宪的国家权力运行应当是符合民主集中制的。对民主集中制的理解大致有两种，第一种理解是从文本出发的，民主集中制的宪法规范体系主要包括设立规范、活动规范和相邻规范三个部分。[2]即宪法对国家权力的设计体现在国家机构在产生之初、国家机构在履行职责时和不同国家机关之间的合理分工、相互配合和相互制约。在备案审查的合宪性审查中，就要运用宪法关于民主集中制的三个规范判断国家权力运行是否正当。第二种对民主集中制的理解是从不同主体之间的关系展开的。其一，在国家机关和人民的关系上，国家一切权力都是来自人民并最终属于人民的，人民通过民主选举设立各级人民代表大会，各级人民代表大会代表人民集中行使权力，对人民负责、受人民监督；其二，在国家权力机关和其他国家机关的关系上，其他国家机关由人大产生、对人大负责、受人大单向度的监督，权力横向集中在人大；其三，在中央国家机关和地方国家机关的关系上，中央统一领导地方，先有中央授权，后有地方权力，权力纵向集中在中央，充分发挥地方积极性和作用。在备案审查的合宪性审查中，也可以围绕这三点审查待审国家权力，来判断其是否符合权力分配关系。近年，有学者适应"国家治理能力现代化"的时代要求，提出功能主义的国家权力配置理论可以作为民主集中制理论的补强内容，旨在提高国家机关治理效能。[3]在功能主义视域下，国家机关的职权分配须精准、须最优，国家机关权力运行须正当，国家机关对于公民基本权利的保护须有效，然而，不符合上述要求的规范性文件内容是否就当然地存在合宪性问题呢？这需要权衡考虑和进一步研究。

---

〔1〕 参见吴延溢：《中国特色合宪性审查的逻辑、规范与经验》，九州出版社 2020 年版，第 94 页。

〔2〕 参见王旭：《作为国家机构原则的民主集中制》，载《中国社会科学》2019 年第 8 期。

〔3〕 参见张翔：《我国国家权力配置原则的功能主义解释》，载《中外法学》2018 年第 2 期。

从横向关系上看，判定国家机关的权力是否符合宪法的设定要求是一个重要的合宪性审查点。首先，国家机关的权力设定应当符合自身目标。国家权力设定的目标，在于实现权力的有限性、合理性和责任性。[1]国家权力并非绝对无限，而应受到严格的范围限制和外在约束，避免权力的无限扩张。同时，权力的设定一般是体现最广大人民群众的根本利益，并随着社会的发展而适时调整的。此外，国家还应对其行使权力的后果负责，侵犯了人民的合法权益的行为，应依法承担相应的责任。在合宪性审查中，若待审规范性文件中出现对国家机关设定的权力有扩张之嫌或规避国家机关责任承担的内容，即可判断为"存在合宪性问题"。有的地方在选择法规立项时，把注意力转向法的调整对象的边缘领域，而忽视"可调整性"而导致立法内容不切实际，形同虚设。[2]这种情况就属于国家权力设定不符合最广大人民群众的利益，不符合国家权力设定的目标，亦有违宪之嫌。其次，国家权力不能超越宪法的界限。我国《宪法》第5条规定，一切法律、行政法规和地方性法规、国家机关和武装力量、各政党和各社会团体、各企业事业组织或者个人都不得有超越宪法和法律的特权。我国宪法及宪法性法律规定了我国国家权力行使的基本框架和界限，既包括权力主体界限、权力程序界限也包括权力程度界限。我国国家权力必须在宪法规定的范围内行使，这既是权力正当性的基础，也是防止权力滥用的重要保障。最后，国家权力不能超越国民一般性认知。国民一般性认知是以国民道德为代表。在权力的行使过程中，道德发挥着不可或缺的作用。权力行使不能违背国民一般性认知，因为权力本质上是追求共同目标的人群的集合，公众道德对权力的取得和行使过程具有重要影响和制约作用。符合公众道德的规范性文件更可能得到普遍推崇和遵守，有利于国家权力的良性运行。

从纵向关系上看，对于规范性文件的合宪性审查，主要问题集中在中央和地方的立法权限划分上。在纵向上，国家权力运行正当主要指中央和地方立法权限划分合理，充分发挥"两个积极性"。尽管党和国家在政治体制改革

---

〔1〕 参见祁铁华、马双：《论权力运行的特点、规则与界限》，载《长春市委党校学报》2003年第5期。

〔2〕 参见向立力：《地方立法发展的权限困境与出路试探》，载《政治与法律》2015年第1期。

过程中采取了大量措施来约束权力，努力调动地方积极性和主动性，扩大地方权力、尊重地方选择，但权力过分集中的问题仍未完全解决。在合宪性审查中对于地方规范性文件的审查数量居多，最终审查确定存在"合宪性问题"的地方性规范性文件数量也多于中央立法文件，这或说明地方立法的质量存在问题，单从这一点看我国对中央和地方关系的谨慎态度是可取的。然而究其根本原因，正是地方立法权限的受限给地方立法带来了多方面的发展困境：一方面，地方立法在尝试创新的过程中频繁出现"越权"和"试错"，从而出现合宪性问题。另一方面，地方立法为机械追求和上位法一致，出现"重复立法"的现象，这降低了地方立法的针对性和权威性，同样不利于国家权力正当运行。在一些合宪性审查中地方规范性文件出现的问题，与其说是"合宪性问题"，不如说是"立法权限原始分配"问题，因此，理顺央地立法权限分配应当被视为是减少"合宪性问题"案件的源头治理之法。

具体来说，厘清立法权限划分标准和地方立法权的范围是保证地方国家权力正当运行的核心。对于前者而言，立法权限划分合理，充分发挥"两个积极性"的地方规范性文件应当被审查为不存在合宪性问题。审查过程中应重点关注以下两个方面：一是审查地方规范性文件是否超越法定权限，应采取"重要程度"和"影响范围"相结合的标准审查是否侵犯了中央的专属立法权；二是审查地方规范性文件是否存在与宪法相抵触的内容。单纯的文本分析难以全面、准确地反映地方立法的复杂现实。因此，在合宪性审查过程中，必须将宪法文本的规范精神与立法实践中的具体事实紧密结合，通过对立法事实的科学把握，来全面评估地方立法的合宪性，确保地方利益的表达不与宪法秩序相冲突。对于后者而言，明确地方性事务的内涵和外延，有助于减少地方以"地方性事务"的名义滥用权力、浪费立法资源的现象，从而减少合宪性问题。明确地方性事务可以从明确地方利益展开并考察事务实施的地域范围和事务性质。我国宪法和宪法性法律等根据民主集中制原则，对地方立法权限进行了限制。《宪法》第3条第4款规定了"在中央的统一领导下，充分发挥地方的主动性、积极性"的原则。《立法法》第81条、82条、85条和93条对地方性法规、自治条例和单行条例以及规章可以调整的事项进行了规定，主要包括执行法律、行政法规的具体规定事项和属于地方性事务需要制定地方性法规的事项。然而《立法法》对于地方事务并未作出明确规定，地方利益与地方性事务紧密相连，导致地方规范性文件实际上成了地方利益及民主意愿的反映，而试图维护这些利益往往成为违宪行为的动因。虽然地方利益在一定程度上具有合理性，并且与中央利益存在正当的平衡需求，然而，其表达和实现的途径必须严格遵循宪法所规定的基本秩序。[1]因此，地方规范性文件的合宪性审查实质上是对地方利益与中央利益进行权衡与抉择的过程。一方面，地方利益代表了地方民众的需求和意愿，具有一定的合理性和正当性，该部分立法应当在宪法框架内充分发挥积极性。另一方面，中央利益则关乎国家的整体利益和长远发展，维护中央利益是确保国家统一、稳定和繁荣的关键。综合来说，我国地方性事务主要有：地方人大及其常委会工作、地方行政机关自身建设等地方政权建设事务；包括治安管理、医疗设施建设、文化教育活动管理等的文化教育司法行政事务；涉及基础设施建设、投资贸易、税收物价等的市场经济管理事务；包括弱势群体权益保护、社会保险、社会救助、福利慈善、公共服务、计划生育等社会权益保障事务。总之，合宪性审查中要采取审慎态度，宜依据上述立法权限划分标准和地方立法权的范围开展审查工作。

四、备案审查中合宪性审查的制度安排

（一）合宪性审查的机构安排

据宪法规范分析，全国人大拥有最高的、最完整的合宪性审查权，地方国家机关均无权对规范性文件进行合宪性审查。全国人大常委会是我国日常的合宪性审查主体，但是由于其日常立法任务繁重，其合宪性审查也无法日常化。自2018年修宪和全国人大常委会作出《全国人民代表大会常务委员会关于全国人民代表大会宪法和法律委员会职责问题的决定》后，宪法和法律委员会成为我国唯一协助进行合宪性审查工作的机构，虽然全国人大及其常委会正式向宪法和法律委员会移交了协助履行合宪性审查权力的职能，全国人大及其常委会对合宪性审查工作仍然有终局性的权力。《法规、司法解释备

---

〔1〕　参见谭清值：《合宪性审查的地方制度构图》，载《政治与法律》2020年第2期。

案审查工作办法》第 5 条又规定常委会办公厅负责接收备案工作，专门委员会、常委会法制工作委员会负责对报送备案的法规、司法解释的审查研究工作。具体来说，我国目前由人大常委会法制工作委员会备案审查室单独负责具体的合宪性审查工作，这样的机构设置是无法发挥我国备案审查中合宪性审查的制度权威，亦不利于合宪性审查的"前台化"。理论研究认为全国人大常委会法制工作委员会是"隐形立法者"，意指人大常委会法制工作委员会虽然是辅助性工作机构，但可以行使一定的法律职权，而不能对外独立发布文件，因为真正的职能机构是全国人大常委会。人大常委会法制工作委员会下属有两个重要的部门，即备案审查工作室和宪法室，承担更为具体的工作，其中备案审查工作室是最终负责研究待审文件中的合宪性问题的。因为人大常委会法制工作委员会不仅承担"立法后职能"还在立法辅助和研究法律方面辅助全国人大常委会，不免"分身乏术"。那么人大常委会法制工作委员会和宪法和法律委员会在备案审查中的合宪性审查上是什么关系呢？在权力分配方面，宪法和法律委员会应当定位为具有相对独立性和某些外部职权的"宪法机关"，能够对外执行某些宪法监督任务。[1]这就与法制工作委员会截然不同。在职能安排上，宪法和法律委员会是全国人大的专门委员会，不仅要在规范性文件备案审查中发挥合宪性审查职权还要在统一审议法律草案、协助开展执法检查等监督工作以及选举、宪法解释等工作中合宪性审查问题，而具体到人大常委会法制工作委员会的备案工作室，其承担的是事后备案审查中的合宪性审查工作。从以上两个角度考虑，在开展合宪性审查工作时，宪法和法律委员会要求人大常委会法制工作委员会中的备案审查工作室配合工作是合理的。

为了以备案审查为基础推进合宪性审查工作并在更高层面配合宪法和法律委员会工作，有学者主张将备案审查工作室直接调整到宪法和法律委员会中，[2]也有不少学者赞成将备案审查工作室升级为与人大常委会法制工作委

---

〔1〕 参见于文豪：《宪法和法律委员会合宪性审查职责的展开》，载《中国法学》2018 年第 6 期。

〔2〕 参见邹平学：《宪法和法律委员会的目标定位与机制创新》，载《中国法学评论》2018 年第 4 期。

员会平行的工作机构,[1]亦有观点主张宪法和法律委员会在执行具体的合宪性审查职能时可以使用人大常委会法制工作委员会下属的各办事机构。[2]这几种观点都支持调整机构安排之后,先由备案审查工作室对待审文件进行合法性审查,结束后若存在合宪性疑问的,再移送宪法和法律委员会进行合宪性审查,完全是遵循"先合法性审查再合宪性审查"的顺序。但是有学者并不赞成这一做法,认为这样的处理错误地将适用于司法救济的"穷尽法律救济途径"原则,生搬硬套到我国的宪法监督中,忽视了两者在性质和目的上的根本差异。[3]作为抽象审查,我国宪法监督的对象是法规而非具体案件,因此不需要像司法审查那样,先通过合法性审查再进入合宪性审查。同理,全国人大常委会在宪法监督中的角色主要是政治性的,主要负责法规的合宪性与合法性审查,而非根据法律文件裁决具体案件,因此无需遵循先合法性后合宪性的司法审查顺序。前文提到的近年来备案审查中的合宪性审查标准不清、操作性差原因之一就是理论与实务长期坚持先合法性审查再合宪性审查,这就导致合法性审查或可能有意或无意地"消融"了某些涉宪性问题,阻断了合宪性审查的"上升通道",导致合宪性审查活力不足,制度一度接近搁浅,从而无法赋予备案审查带有宪法权威的刚性。

对审查机构的安排须体现以合宪性审查引领合法性审查、突出合宪性审查的核心理念。《法规、司法解释备案审查工作办法》中规定对规范性文件中涉及宪法的问题,宪法和法律委员会、人大常委会法制工作委员会应当主动进行合宪性审查研究。这一规范说明宪法和法律委员会、人大常委会法制工作委员会在合宪性审查工作中是基于平行地位的协作关系,不论是从职能分配还是机构设置角度,二者都不能互相替代。然而,宪法和法律委员会和人大常委会法制工作委员会的内部机构都存在以合宪性审查为主要职能的角色,但是囿于其内部机构的性质而无法充分发挥其效能,为配合合宪性审查工作走向前台,负责合宪性审查的同类工作机构也应被推向前台。在我国法律体系中,备案审查体系是由人大主导的,随后逐渐建立起了其他备案体系和人

---

[1] 参见吴延溢:《中国特色合宪性审查的体制改革与机制创新》,载《思想战线》2023年第3期。
[2] 参见于文豪:《宪法和法律委员会合宪性审查职责的展开》,载《中国法学》2018年第6期。
[3] 参见郑贤君:《先合法性后合宪性审查之理论误区》,载《财经法学》2024年第3期。

大备案体系的衔接机制，所以备案审查中的合宪性审查也应该继续在人大体系中展开研究，且应该坚持备案审查的平台地位，这就要求提升现今主要负责备案审查工作的人大常委会法制工作委员会下属的备案审查工作室的地位。综合来说，首先，可以考虑将人大常委会法制工作委员会下属备案审查工作室、宪法室升格为具有宪法机关性质的机构，区别于调整前，调整后的二者均以合宪性审查标准优先。其次，将宪法和法律委员会细分为专注合宪性审查的宪法委员会和专注合法性审查的法律委员会。最后，再将全国人大常委会下设的备案审查工作室、宪法室和宪法委员会合并。这样调整，既没有抛弃备案审查这一载体，又能将合宪性审查工作资源有效整合。另外，人大常委会法制工作委员会在备案审查案件的接收和移送中仍然发挥行政作用，登记、接收规范性文件后不审查，而是移送给调整后的备案审查工作室，备案审查工作室、宪法和法律委员会和宪法室共同集中进行合宪性审查。

（二）审查对象安排

从人大常委会法制工作委员会当前的备案审查范围来看，其仅能对法规和司法解释提出审查意见。在我国法律体系中，从备案审查的功能的发挥和维护整个法律体系的秩序来看，法律是一定要被纳入备案审查中的，对法律进行合宪性审查也是应有之义。学界对于法律是否能纳入合宪性审查范围存在争议，主要理由包括：修宪权与基本法律制定权同属全国人大，法律通常不会违宪；无更高机关能判断并纠正全国人大的法律的合宪性问题；宪法解释权和立法权在事实上的合一等。反驳以上观点可从两方面展开，一方面，法律和宪法在民意基础、制定主体和程序上的差异明显，所以法律可以违宪；另一方面，我国宪法序言及第 5 条第 3 款确立了宪法至上原则，宪法不允许有违宪之嫌的法律存在，法律应接受合宪性审查。至于宪法和法律委员会能否承担对法律的合宪性审查职能而不陷入"自我审查"的问题，答案是肯定的。如前文所提，我国的合宪性审查兼具政治性和合法性的双重性质，同理，全国人大及其常委会在解释宪法或监督宪法实施时，其判断或决定也会被视为一种政治判断，合宪性审查不仅是对法律的审查，更重要的是对违宪立法采取措施。在人民代表大会制度下，只有全国人大的自我审查与纠错才能对法律采取实质措施。由法院审查全国人大制定的法律在我国政治结构下不可行，且全国人大主导合宪性审查可避免司法机关审查体制中的民主匮乏问题。因此，由全国人大下设的宪法和法律委员会审查基本法律，这种自我审查机制符合宪法的政治属性和人民代表大会制度的逻辑，有助于维护法治统一。

（三）审查启动方式安排

前文提到的，地方机关对备案审查中的合宪性审查参与感低，通过查阅历年来全国人大常委会法制工作委员会的备案审查工作报告也可知，截至2023年没有一例地方国家机关提起审查要求，但是省级人大常委会承担一定的合宪性审查职能是完全可行的，省级政府也可以在合宪性审查中发挥事实审查等方面的作用。从被动审查的优势来看，相较于人大常委会法制工作委员会主动开展的审查工作，有关地方国家机关在法律实施的过程中往往能够更早地察觉到规范性文件潜藏的问题，并且他们拥有更强的动机去提请人大常委会法制工作委员会对存在争议的规范性文件进行合宪性审查。基于审慎的考虑，省级人大常委会启动合宪性审查比较稳妥。因为省级人大常委会作为地方最高国家权力机关的常设机关，拥有合适的法定地位和权威，且具有较高的代表性和民主性。

从规范角度看，首先省级人大常委会有合宪性审查的职责，体现为保证宪法实施。《地方组织法》第50条规定县级以上的地方各级人民代表大会常务委员会在本行政区域内，具有保证宪法、法律、行政法规的实施和上级人民代表大会及其常务委员会决议的遵守和执行的职权。其次，省级人大常委会和省级人民政府可以提起合宪性审查要求或建议。《立法法》第110条规定，省级人大常委会可以就法律以下的规范性文件向全国人大常委会提出审查要求。省级人民政府作为其他国家机关可以向全国人大常委会提出审查建议。最后，省级人大常委会及省级人民政府均要接受下位法的备案，可以就合法性问题进行审查并分别进行处理。省级人大常委会可以撤销具有监督关系的国家机关的规范性文件，省级人民政府可以撤销或改变具有领导关系的国家机关的规范性文件。其中完全存在识别合宪性问题的空间，可以进行合宪性审查问题报送的制度设计。根据前文表2的31个省、自治区、直辖市的备案审查地方性法规的实证考察，有不少规定了省级人大常委会对备案审查中的合宪性问题的报送义务，虽然这一路径尚未激活，但是可以看出在地方立法的视角中，是留有省级人大常委会合宪性审查职能建筑的巨大空间的。

从学理角度看，一般认为合宪性审查权和宪法解释权密不可分。在合宪性审查的不同阶段，对宪法含义的阐释发挥着不同功能。在立法权基础上，阐释宪法旨在证明立法活动的合宪性，并接受公众监督；而在监督权基础上，阐释宪法则更多是为了增强审查结论的权威性。[1]这些阐释并不直接等同于具有法律效力的宪法解释。同时鉴于上文对于备案审查中合宪性案例的分析，可以看出，合宪性审查权和宪法解释权是可以分离的，人大常委会法制工作委员会审查结论主要有"不符合宪法精神""体现了某宪法原则""不符合宪法和法律规定"等，貌似不需要全国人大常委会进行法律解释就可以进行合宪性审查。我国宪法明确规定，全国人大常委会拥有"监督宪法实施"和"解释宪法"这两项并列的权力，这意味着宪法解释权是独立于宪法监督权之外的，并不被宪法监督权所涵盖。[2]这一观点为研究打开了新视角，即进行法律监督不一定要拥有法律解释权，除了有合宪性审查主体，还可以允许有合宪性审查辅助主体存在。国家机关在履行合宪性审查的辅助职责时，并不具备作为权力主体的身份，无权对合宪性争议做出最终裁决，既无权则无责，所以在此情境下使用"职能"一词更为恰当，而非"职权"。[3]省级人大常委会就可以完美符合这种合宪性审查辅助者的角色，履行的是合宪性审查的义务而非权力。

为了使以上构想得到实现，可以考虑从以下几个角度展开：首先，可以期待一部"宪法监督法"出台，从立法层面赋予省级人大合宪性审查辅助者的定位，省级人大须贯彻监督宪法实施的精神，先对待审规范性文件进行合宪性的初步判断，不用确定存在合宪性问题就可以逐级移送全国人大常委会。其次，可以期待建立合宪性审查案例指导制度。据近几年备审年报和人大常委会法制工作委员会对于备案案例的公开披露来看，直面合宪性问题的案例越来越多，不同备案审查主体之间也注重成熟案例的内部交流。纵向体制中，我国历来有上级指导下级工作的传统，2019年12月16日《法规、司法解释备案审查工作办法》（以下简称《工作办法》）通过并施行后，人大常委会法制工作

〔1〕 参见朱学磊：《宪法解释与合宪性审查的关系辨析》，载《中国法律评论》2024年第5期。

〔2〕 参见王广辉：《我国宪法解释的权属分析》，载《南都学坛》2022年第1期。

〔3〕 参见李蕊佚：《论行政机关辅助合宪性审查的职能》，载《法学家》2022年第6期。

委员会就将《工作办法》印发各省并开展交流培训。同样地，可以以指导案例的形式指导省级人大常委会开展工作，将对省级人大的职能定位寓于案例之中推广全国，激发省级人大常委会向全国人大常委会提起审查要求的路径活性。

（四）审查结论安排

根据官方文件解析和案例解读，即使确定备案审查中出现合宪性问题，审查机构也不会直接宣告该规范性法律文件"违反宪法"，只是给出了一个与宪法规定或原则和精神"不一致"的结论，由于现有机构设置的权威性不足，审查结论不具有强制执行的法律效力，也不会直接影响规范性文件的法律效力，而且这个结论只能由制定机关进行执行。据《工作办法》，针对审议期间发现的违宪或法律抵触情形，需遵循三层处理程序，前两层程序旨在引导制定机关自我纠正，即先沟通或书面询问，再没有结果的，再向制定机关提出书面审查研究意见。最后，制定机关收到审查研究意见后逾期未报送书面处理意见的，专门委员会、人大常委会法制工作委员会也会要求制定机关限期报送处理意见，不会立即向委员长会议提出予以撤销的议案、建议。在整个程序中，制定机关的态度十分重要，审查机构的结论对制定机关首先是柔性的督促作用，再可能影响其规范性文件去留变化。无强制效力的审查结论势必会影响合宪性审查工作的进行，然而，合宪性审查具有政治属性，审查结论虽无法定的强制效力，但可能会导致一定的政治后果出现。这就要求不能忽视对审查结论的正确性的审视，若审查结论出现错误，导致制定机关承担政治后果，进一步错误地修改或废止该规范性法律文件，制定机关或有关方面是否可以拥有救济渠道，是对合宪性审查制度安排的一个考验，需要学界和实务界进一步讨论。

关于合宪性审查结论的效力问题，关于合宪性审查结论的效力几乎无定论，研究重点可以倾向其功能角度，有观点认为，合宪性审查案件的关键在于其广泛的指导意义，旨在不仅解决当前案件的具体问题，更要防止未来同类问题的重现。因此，每个合宪性审查的结论都应被赋予宪法性文件的地位，可认为其具有判例般的效力。[1]承认审查结论的教育和警示作用有利于制定机关自查自纠，从源头推进合宪性审查的良性发展。基于前文实证梳理，合

---

〔1〕　参见王春业：《合宪性审查制度构建论纲》，载《福建行政学院学报》2018 年第 1 期。

宪性审查结论的问题主要集中在无区分度、说理性弱。针对合宪性审查结论无区分度的情况，一方面，应当根据规范性法律文件的效力等级确定审查结论，类似法律这种高阶高安定性的规范性法律文件适宜综合运用法律解释进行合宪性解释，若法律解释无法达到合宪，在审查结论上也要十分谨慎，在作出审查结论时宜采用"不一致"柔性表达。同时在审查结论中也要宣示其对立法活动的警示作用。对于法律之下的规范性法律文件，因修改程序较之法律简易，一经修改一般不会对法秩序和社会秩序造成不稳定后果，可以在表达上进行用词技术性考虑，不必那么"柔性"。另一方面，应当根据涉嫌违宪的类别确定审查结论。涉嫌违宪的类别可以以内容和形式二分，也可以分为"违反宪法""与宪法不一致""符合宪法"三类，有观点还主张可以增加"吁请裁判"一类，在吁请裁判中，审查机关会判定被审查的规范当前仍被视为合宪，但出于对未来宪法一致性的考虑，会呼吁立法者采取必要的行动，以确保该规范能够完全符合宪法的要求，或预防未来可能出现的违宪情形。[1]就内容和形式而言，那些存在合宪性问题的规范性文件有些可能在程序上不符合宪法规范，有些可能在内容上不符合宪法原则、精神。由于宪法至上，无论是程序违宪还是内容违宪都要受到不合宪的负面评价，但程度用词可以有所区分，对应处理也应有所区别。对于"违反宪法""与宪法不一致"等四分而言，结论采用"违反宪法"用语的，因其损害宪法秩序和权威，其应当具有普遍的强制性的法律效力；结论采用"与宪法不一致"用语的，可以设定其并不当然具有普遍的强制性的法律效力，而是在法律上倾向于一种建议，而后规范性法律文件变得和宪法一致可以依靠政治推动；结论采用"符合宪法"用语的，其拥有一种"宣示性"效力，对于维护法制统一有示范作用；而结论采用"吁请裁判"用语的，可以认为其是"与宪法不一致"的柔化版本，效力可以参照"与宪法不一致"的情形。针对合宪性审查结论说理性弱的情况，审查机关说理应注重合宪性说理优先，兼顾政策性、合法性和适当性说理，充分运用法律解释这一工具的作用，同时还要注重语言的说明整理，尽量详细易懂，增强公众的理解程度和接受度。

---

[1] 参见田伟：《规范合宪性审查决定的类型与效力》，载《中国法律评论》2020年第1期。

第四章

规范性文件备案审查中的适当性标准

　　备案审查制度是中国特色社会主义宪法监督制度的重要组成部分。规范性文件备案审查制度，是保障宪法法律实施、维护国家法制统一的一项重要制度，更是"符合中国国情、彰显中国特色的一项宪法性制度设计"[1]。规范性文件备案审查制度有着明确的宪法依据。从权力赋予的角度来看，《宪法》赋予中央和地方各级人民政府及其工作部门颁布"决定和命令"的权力，这是行政权力运行的重要体现；从权力制约的角度看，《宪法》又赋予相应国家机关构建监督制度的职权，其中就包括规范性文件备案审查制度。2014 年，《中共中央关于全面推进依法治国若干重大问题的决定》提出，要加强备案审查制度和能力建设，把所有规范性文件都纳入备案审查范围，依法撤销和纠正违宪违法的规范性文件。2017 年，党的十九大报告提出，加强宪法实施和监督，推进合宪性审查工作，维护宪法权威。2022 年，党的二十大报告提出，完善和加强备案审查制度。由此可见，《宪法》规范以及党的决定，对备案审查工作提出了新的要求，同时也为规范性文件备案审查制度的建立和实施提供了依据和支撑。

　　在规范性文件备案审查中，对规范性文件审查的界限和尺度，也即审查标准，无疑是备案审查制度的核心，审查标准不仅决定了对规范性文件审查中需要达到何种强度和深度，更决定着要对规范性文件进行审查的广度。因

---

〔1〕　张德江：《在十二届全国人大常委会第三十一次会议上的讲话》，载 http://npc.people.com.cn/n1/2018/0104/c14576-29745217.html，最后访问日期：2024 年 10 月 20 日。

此，对备案审查标准的研究也成为了备案审查制度研究中的重中之重。本章以"不适当"标准作为切入点，通过对《宪法》《立法法》《监督法》《法规、司法解释备案审查工作办法》《关于完善和加强备案审查制度的决定》以及有关规范性文件备案审查中地方立法的梳理，对适当性与合理性、合法性等易混淆标准进行界定，并通过分析不适当标准的发展历程及最新规定探讨其对备案审查的意义，通过对比在《关于完善和加强备案审查制度的决定》出台前后，不适当标准作用发挥的实际情况，阐述《关于完善和加强备案审查制度的决定》中"不适当标准"的新发展，期待对规范性文件备案审查制度的实践和完善带来启示和帮助。

一、适当性标准的界定

关于不适当标准与不合法、不合理标准的关系，学界一直存在争议。一些学者认为合法性和合理性标准共同构成了规范性文件备案审查的适当性标准。如，卢群星认为，规范性文件备案审查的合法性与合理性要求共同构成了适当性标准。[1]部分学者认为适当性标准与合法性标准属于并列关系，如学者程庆栋认为，适当性审查是指对规范性文件是否公平、合理进行的审查，而这种审查是一种并列于合法性审查的类型。[2]还有学者认为，适当性标准除合法性与合理性标准外，还应当包括合宪性标准。[3]不适当标准就是适当性和合理性监督与合法性、合宪性监督是否排斥的问题。[4]综合既有学术观点，对不适当标准的界定存在的争议在于：一、适当性包含合法性与合理性；二、适当性是并列于合法性，包含合理性。其实，这些争议的很大一部分原因是相关立法未明确"不适当标准"的具体规定，因此，很有必要梳理相关法律规定对"适当性"的相关规定，并结合《法规、司法解释备案审查工作办法》和《关于完善和加强备案审查制度的决定》对"合法性、合理性与适

---

〔1〕 参见卢群星：《论规范性文件的审查标准：适当性原则的展开与应用》，载《浙江社会科学》2010 年第 2 期。

〔2〕 参见程庆栋：《论适当性审查：以地方性法规为对象》，载《政治与法律》2018 年第 3 期。

〔3〕 参见刘连泰：《中国合宪性审查的宪法文本实现》，载《中国社会科学》2019 年第 5 期。

〔4〕 参见王锴：《论地方立法权》，载中国政法大学中德法学院主编：《立法权限划分——中德比较》，中国政法大学出版社 2015 年版，第 123～124 页。

当性标准"进行界定。

（一）《立法法》对"适当性"的规定

2000 年《立法法》对备案审查不适当标准的规定，在第五章"适用与备案审查"中的第 87 条，即有关机关可依照《立法法》第 88 条规定的权限对"（一）超越权限的；（二）下位法违背上位法规定的；（三）规章之间对同一事项的规定不一致，经裁决应改变或者撤销一方的规定的；（四）规章的规定被认定为不适当，应当予以改变或者撤销的；（五）违反法定程序的。"这五种情形予以改变或者撤销。而《立法法》在 2015 年修订时，该条款的内容并未变动，仅仅将条款变更为《立法法》第 96 条，同样在 2023 年修订的《立法法》中，内容仍保持原状，并未修改，仅变更为《立法法》第 107 条。

由上述《立法法》条款可以看出《立法法》中对适当性与合法性的关系界定为"并列关系"。现行《立法法》第 107 条第 4 项提到的"规章的规定被认定为不适当，应当予以改变或撤销的"，"不适当"与第一项"超越权限"、第二项下位法违反上位法、第五项违背法定程序的三种不合法情形以及第三项对同一事项规定冲突的情形是属于并列规定。因此，在《立法法》的规定中，适当性与合法性并非包含与被包含关系，而是属于彼此独立的并列关系。但是从《立法法》的规定不难看出，其中并未对合理性标准做明确规定，而根据备案审查的精神可知，对规范性文件的公平性、合理性进行审查是题中应有之义，结合前文学者观点，虽对适当性包含合法性有争议，但适当性与合理性的包含关系则没有争议。综上可知，在《立法法》中，合理性包含于适当性之内，而适当性与合法性则属于并列关系。

（二）《监督法》对"适当性"的规定

2006 年《监督法》在第五章"规范性文件备案审查"规定了适当性标准。《监督法》第 30 条规定，县级以上地方各级人大常委会对下一级人大及其常委会作出的决定、决议和本级人民政府的决定和命令，经审查有不适当情形的，有权予以撤销。而不适当的情形被具体化为："（一）超越法定职权，限制或者剥夺公民、法人和其他组织的合法权利，或者增加公民、法人和其他组织的义务的；（二）同法律、法规规定相抵触的；（三）有其他不适当的情形，应当予以撤销的。"2024 年《监督法》对三种不适当情形的规定没有变化。

从《监督法》对不适当的相关规定来看，第一项中"超越法定职权"与第二项"同法律、法规规定相抵触的"属于同上位法相抵触的不合法情形。第一项中"限制或者剥夺公民、法人和其他组织的合法权利，或者增加公民、法人和其他组织的义务的"属于减损权益、增加义务的不合理情形。而作为兜底性条款的第三项"有其他不适当的情形，应当予以撤销的"，应当理解为"除了前款规定的应当予以撤销的不合法与不合理情形之外的其他应当予以撤销的情形"，因为并未规定"有其他不合法的情形，应当予以撤销的"兜底性条款。[1]因此《监督法》中规定的"不适当"应当属于"不合法+不合法之外的其他不适当"，即适当性包含合法性和合理性。

（三）《法规、司法解释备案审查工作办法》对"适当性"的规定

从上文可以看出，《立法法》与《监督法》对"适当性"标准的规定各不相同，《立法法》将不适当看作是不合法之外的不适当，而《监督法》将不适当看作是"不合法+不合理"的不适当，这在一定程度上对备案审查标准的适用产生了影响。全国人大常委会委员长会议在 2019 年通过了《法规、司法解释备案审查工作办法》，进一步明确了备案审查中"适当性标准"的规定，是对"适当性标准"的具体化。

《法规、司法解释备案审查工作办法》在第 39 条对适当性进行了规定："对法规、司法解释进行审查研究，发现法规、司法解释存在明显不适当问题，有下列情形之一的，应当提出意见：（一）明显违背社会主义核心价值观和公序良俗；（二）对公民、法人或者其他组织的权利和义务的规定明显不合理，或者为实现立法目的所规定的手段与立法目的明显不匹配；（三）因现实情况发生重大变化而不宜继续施行；（四）变通明显无必要或者不可行，或者不适当地行使制定经济特区法规、自治条例、单行条例的权力；（五）其他明显不适当的情形。"根据第 39 条规定可以看出，《法规、司法解释备案审查工作办法》中的"不适当"涵盖了"不合理"，"不合理"是"不适当"的一部分。《法规、司法解释备案审查工作办法》第 38 条列举了"违反上位法规

---

〔1〕 参见李飞主编：《〈中华人民共和国各级人民代表大会常务委员会监督法〉释义及实用指南》，中国民主法制出版社 2013 年版，第 102~103 页。

定、超越权限、超出授权范围、违背法定程序"等不合法的情形。通过对第38条和第39条的观察，不难看出《法规、司法解释备案审查工作办法》明确地将备案审查标准的"适当性"与"合法性"分别做了规定，进一步确定"不适当"与"不合法"是互不从属的并列关系，而"不合理"是从属于"不适当"标准之下的内容。《法规、司法解释备案审查工作办法》的这一规定，统一了《立法法》和《监督法》对"适当性"标准规定的不同表述，进一步明确了"适当性"标准的界限，为维护国家法制统一产生了重要作用。

二、中央和地方层面不适当标准规定的梳理

（一）中央层面适当性标准的梳理

1. 《宪法》

《中国人民政治协商会议共同纲领》作为新中国第一部宪法性文件，其中并未涉及备案审查制度的相关规定。对备案审查制度不适当标准的规定，始于1954年《宪法》，其中第31条规定，全国人民代表大会常务委员会有权对"省、自治区、直辖市国家权力机关的不适当决议"予以改变或撤销；第49条规定国务院对"各部部长、各委员会主任的不适当命令、指示以及"地方各级行政机关的不适当决议和命令"予以改变或撤销。第60条第3款规定，地方各级人大有权对"本级人民委员会的不适当决议和命令"予以改变或撤销；第4款规定，县级以上的人民代表大会有权对"下一级人民代表大会和下一级人民委员会不适当的决议"予以改变或撤销。第65条第2款规定，县级以上的人民委员会有权对"下一级人民代表大会的不适当的决议"停止执行，有权对"所属各工作部门的不适当的命令和指示和下级人民委员会的不适当的决议和命令"予以改变或撤销。

1982年《宪法》将监督标准划分为"适当性标准"和"抵触标准"，其中对规范性文件监督审查中的适当性标准的规定，主要体现在：第62条第11项，全国人民代表大会有权"改变或撤销全国人大常委会不适当的决定"；第89条第13项，国务院有权"改变或者撤销各部、各委员会发布的不适当的命令、指示和规章"；第14项，国务院有权"改变或者撤销地方各级国家行政机关的不适当的决定和命令"；第99条，地方各级人大有权"改变或者撤销

本级人大常委会不适当的决定"；第 104 条，县级以上地方各级人大常委会有权"撤销本级人民政府的不适当的决定和命令；撤销下一级人民代表大会的不适当的决议"。第 108 条，"县级以上的地方各级人民政府有权改变或者撤销所属各工作部门和下级人民政府的不适当的决定"。

综上所述，1982 年《宪法》在"适当性标准"的规定上是对 1954 年《宪法》的拓展和完善。比如，增加了全国人大对全国人大常委会"不适当的决定"的改变和撤销权等。此外，对备案审查的区分来看，1982 年《宪法》也区分为权力机关和行政机关两个体系，标准也由不适当划分为不适当和抵触两个标准，体现了 1982 年《宪法》对 1954 年《宪法》的继承和发展。

2. 《立法法》

2000 年《立法法》对适当性标准的规定体现在第 87 条和第 88 条。第 87 条第 4 项规定："规章的规定被认为不适当的，应当予以改变或者撤销的"。第 88 条规定："全国人民代表大会有权改变或者撤销它的常务委员会制定的不适当的法律"；"国务院有权改变或者撤销不适当的部门规章和地方政府规章"；"省、自治区、直辖市的人民代表大会有权改变或者撤销它的常务委员会制定的和批准的不适当的地方性法规"；"地方人民代表大会常务委员会有权撤销本级人民政府制定的不适当的规章"；"省、自治区的人民政府有权改变或者撤销下一级人民政府制定的不适当的规章"。

《立法法》在 2015 年修改时，对"不适当"的规定没有进行新的变动，仅仅将 2000 年《立法法》第 87 条修改为第 96 条，第 88 条修改为第 97 条。在 2023 年的修改中，《立法法》对"不适当"的规定仍未作修改，仅将 2015 年《立法法》第 96 条修改为第 107 条，第 97 条修改为第 108 条。并且从前文对适当性标准进行界分部分可知，《立法法》中的适当性标准是狭义的适当性，即适当性同合法性是并列关系。

3. 《监督法》

2006 年《监督法》对适当性标准的规定在第 30 条，即"县级以上地方各级人民代表大会常务委员会对下一级人民代表大会及其常务委员会作出的决议、决定和本级人民政府发布的决定、命令，经审查，认为有下列不适当的情形之一的，有权予以撤销：（一）超越法定权限，限制或者剥夺公民、法人和其他组织的合法权利，或者增加公民、法人和其他组织的义务的；（二）同法律、法规规定相抵触的；（三）有其他不适当的情形，应当予以撤销的。"2024年《监督法》对不适当情形的规定与2006年相比，没有变化。并且结合前文可知，《监督法》对适当性标准的界定是广义的适当性，也即适当性包含合法性与合理性。

4. 《法规规章备案审查条例》

国务院于2024年颁布的《法规规章备案审查条例》第13条第5项对适当性进行了规定，即"国务院备案审查工作机构对报送国务院备案的法规、规章，就下列事项进行审查……（五）规章的规定是否适当，规定的措施是否符合立法目的和实际情况"，而第13条其他五项则是对超越权限、违反上位法规定、违反法定程序等内容的规定，由此可以看出在《法规规章备案审查条例》中，适当性和合法性属于并列关系。

5. 《法规、司法解释备案审查工作办法》和《关于完善和加强备案审查制度的决定》

2019年通过的《法规、司法解释备案审查工作办法》第39条规定了适当性，即"对法规、司法解释进行审查研究，发现法规、司法解释存在明显不适当问题，有下列情形之一的，应当提出意见：（一）明显违背社会主义核心价值观和公序良俗；（二）对公民、法人或者其他组织的权利和义务的规定明显不合理，或者为实现立法目的所规定的手段与立法目的明显不匹配；（三）因现实情况发生重大变化而不宜继续施行；（四）变通明显无必要或者不可行，或者不适当地行使制定经济特区法规、自治条例、单行条例的权力；（五）其他明显不适当的情形。"该文件对存在明显不适当的情形作出了具体规定，对适当性审查标准赋予了新的内涵，也是首次对适当性审查标准作出如此细致的规定。2023年全国人大常委会出台的《关于完善和加强备案审查制度的决定》是对《法规、司法解释备案审查工作办法》的提升，该文件在第11条规定了备案审查的标准，即"在审查工作中，应当重点审查以下内容：（一）是否符合宪法规定、宪法原则和宪法精神；（二）是否符合党中央的重大决策部署和国家重大改革方向；（三）是否超越权限，减损公民、法人和其他组织权利或者增加其义务；（四）是否违反上位法规定；（五）是否违反法定程序；（六）采取的措施与其目的是否符合比例原则。"相比于《法规、司法解释备案审查工作办法》，《关于完善和加强备案审查制度的决定》新加入了合宪性审查的内容，同时明确把"是否符合中央的重大决策部署和国家重大改革方向"列为审查内容，突出了政治性审查标准。

《法规、司法解释备案审查工作办法》的这一规定，统一了《立法法》和《监督法》对"适当性"标准规定的路径，进一步明确了"适当性"标准的界限，对维护国家法制统一产生了重要作用。此外，《关于完善和加强备案审查制度的决定》的一大亮点就是为备案审查引入了"比例原则"，为备案审查制度的施行提供了一种方法和框架，从而使备案审查机关对备案审查中的适当性标准有了更精准的把握。

（二）地方层面适当性标准的梳理

2023 年通过的《关于完善和加强备案审查制度的决定》是全国人大常委会更好地履行监督职责的一项重要举措，对贯彻落实党的二十大精神、构建完备的规范性文件备案审查制度具有重要意义。《关于完善和加强备案审查制度的决定》在最后对地方人大常委会提出了加强规范性文件备案审查制度和能力建设的要求，其中第 22 条明确提出"省、自治区、直辖市的人民代表大会常务委员会根据有关法律，参照本决定制定本地区有关规范性文件备案审查的规定。"本部分将通过对比分析 31 个省级行政区规范性文件备案审查的地方性法规，对当前地方层面的规范性文件备案审查标准进行归纳和评价，并通过对比《关于完善和加强备案审查制度的决定》出台前后的变化，分析各省级行政区域对《关于完善和加强备案审查制度的决定》的落实情况，以及适当性标准在地方备案审查实践中的适用情况。

1. 省级备案审查地方性法规分类

通过检索 31 个省、自治区、直辖市备案审查的地方性法规，发现《关于完善和加强备案审查制度的决定》出台后，各省级行政区都积极落实《关于完善和加强备案审查制度的决定》的精神，出台或修订相关的备案审查的地方性法规。现有的 31 个省级备案审查地方性法规，按照适当性与合法性的关系，大致可以分为两类：合法性与适当性混列和独立的适当性标准。（见表1）

（1）适当性与合法性混列

该种模式是在重点审查的具体内容规定中，未将合法性与适当性区分成两条规定，而是在同一个法条中同时规定合法性的内容（如：违反法定程序、违反上位法规定等）和适当性的内容（如：措施与目的是否符合比例原则等），并且这种模式下的地方性法规大部分都会以"是否存在其他违反法律法规或者明显不适当的情形"作为兜底性条款。由表 1 可知，以混列模式规定适当性标准的有辽宁省、北京市、西藏自治区等 18 个省级地方性法规。此外，通过对比两种模式的规定，能够发现该种模式在条文第一款的规定中的表述多为"应重点审查以下内容"或"是否存在以下情形"，而不存在"不适当"等明显注明适当性标准的字眼。如，《北京市各级人民代表大会常务委员会规范性文件备案审查条例》（2024 年）第 14 条规定了"对规范性文件进行审查，应当重点审查以下内容……（九）是否存在其他违反法律法规或者明显不适当的情形。"《河北省各级人民代表大会常务委员会规范性文件备案审查条例》（2024 年）第 25 条规定了"对规范性文件进行审查，应当审查规范性文件是否存在下列情形……（十三）其他违反法律法规或者明显不适当的情形。"这种模式下的各省级备案审查的地方性法规规定尽管存在一定差异，但是在适当性与合法性的标准规定上，均为混同模式。此种规定模式虽然减少了条文数量，但是却造成了适当性与合法性区分上的困难。

（2）独立的适当性标准

此种模式是在对规范性文件进行审查的具体规定中，将合法性与适当性区分开来，各自单独成为条例或规定的某一条文，而不是在同一法条中同时规定合法性的内容和适当性的内容。由表 1 可知，对适当性标准进行独立规定的有江西省、宁夏回族自治区、上海市等 13 个省级地方性法规。如，《山西省各级人民代表大会常务委员会规范性文件备案审查条例》（2024 年）第 22 条规定了合法性内容，第 23 条单独规定了适当性内容。此外，通过对比发现同混列模式相比，独立规定适当性模式下的地方性法规大部分都会以"其他明显不适当的情形"或"明显有不适当其他情形的"规定作为兜底性条款。而且独立规定适当性模式在条文第一款的规定中表述多为"存在明显不适当问题"或"存在下列明显不适当情形之一的"等明显带有"不适当"字样的规定。如，《上海市人民代表大会常务委员会规范性文件备案审查条例》（2024 年）第 31 条规定了"对规范性文件进行审查，发现规范性文件存在明显不适当问题，有下列情形之一的，应当提出意见……（五）其他明显不适当的情形。"《安徽省各级人民代表大会常务委员会规范性文件备案审查条例》（2024 年）在这一模式下显得尤为突出，其将备案审查重点内容分为与国家政策一致性问题、合法性问题、合理性问题、涉宪性问题审查请求四个部分，其中明确规定了合理性（适当性）问题，相较于其他省份，显得更为细化和具体。综上，在适当性标准独立规定模式下的各省级备案审查的地方性法规规定在表述上虽然存在一定差异，但是可以明确的一点就是将适当性标准与合法性标准区分开来，单独规定，使各种标准在区分上一目了然。

表 1

规定模式	范例	法规名称及条文
合法性与适当性混列	《北京市各级人民代表大会常务委员会规范性文件备案审查条例》（2024 年）第 14 条："对规范性文件进行审查，应当重点审查以下内容：（一）是否符合党中央的重大决策部署和国家重大改革方向；（二）是否超越权限，减损公民、法人和其他组织权利或者增加其义务；（三）是否违反法律、法规、上级或者本级人民代表大会及其常务委员会的决议、决定规定；（四）是否违反法定程序；（五）采取的措施与其目的是否符合比例原则；（六）是否明显违背社会主义核心价值观和公序良俗；（七）是否存在因现实情况发生重大变化而不宜继续施行的情形；（八）是否存在同一层级的规范性文件之间对同一事项的规定不一致，严重影响规范性文件适用的情形；（九）是否存在其他违反法律法规或者明显不适	《北京市各级人民代表大会常务委员会规范性文件备案审查条例》（2024 年）第 14 条、《辽宁省各级人民代表大会常务委员会规范性文件备案审查条例》（2024 年）第 10 条、《天津市人民代表大会常务委员会和区人民代表大会常务委员会规范性文件备案审查条例》（2024 年）第 15 条、《河北省各级人民代表大会常务委员会规范性文件备案审查条例》（2024 年）第 25 条、《内蒙古自治区各级人民代表大会常务委员会规范性文件备案审查条例》（2024 年）第 24 条、《黑龙江省各级人民代表大会常务委员会规范性文件备案审查条例》（2024 年）第 28 条、《吉林省各级人民代表大会常务委员会规范性文件备案审查条例》（2024 年）第 24 条、《浙江省各级人民代表大会常务委员会规范性文件备案审查条例》（2024 年）第 23 条、《河南省各级人民代表大会常务委员会规范性文件备案审查条例》（2024 年）第 17 条、《重庆市各级人民代表大会常

续表

规定模式	范例	法规名称及条文
合法性与适当性混列	当的情形。	务委员会规范性文件备案审查条例》（2024 年）第 24 条、《云南省各级人民代表大会常务委员会规范性文件备案审查条例》（2024 年）第 25 条、《西藏自治区各级人民代表大会常务委员会规范性文件备案审查条例》（2024 年）第 18 条、《新疆维吾尔自治区各级人民代表大会常务委员会规范性文件备案审查条例》（2024 年）第 21 条、《青海省各级人民代表大会常务委员会规范性文件备案审查条例》（2024 年）第 23 条、《江苏省各级人民代表大会常务委员会规范性文件备案审查条例》（2024 年）第 28 条、《福建省各级人民代表大会常务委员会规范性文件备案审查条例》（2024 年）第 14 条、《广西壮族自治区各级人民代表大会常务委员会规范性文件备案审查条例》（2024 年）第 23 条、《甘肃省各级人民代表大会常务委员会规范性文件备案审查条例》（2024 年）第 23 条。
独立的适当性标准	《山西省各级人民代表大会常务委员会规范性文件备案审查条例》（2024 年）第 22 条："对规范性文件进行审查，发现规范性文件违反法律、法规规定，有下列情形之一的，应当提出意见：（一）超越权限，减损公民、法人和其他组织的权利或者增加其义务，违法设定国家机关的权力与责任的；（二）违法设定行政处罚、行政许可、行政强制，或者对法律、行政法规设定的行政处罚、行政许可、行政强制违法作出调整和改变的；（三）与法律、法规规定明显不一致，或者与立法目的、原则明显相违背的；（四）与	《江西省各级人民代表大会常务委员会规范性文件备案审查条例》（2024 年）第 19 条、《山西省各级人民代表大会常务委员会规范性文件备案审查条例》（2024 年）第 23 条、《上海市各级人民代表大会常务委员会规范性文件备案审查条例》（2021 年）第 27 条、《安徽省各级人民代表大会常务委员会规范性文件备案审查条例》（2024 年）第 23 条、《山东省各级人民代表大会常务委员会规范性文件备案审查条例》（2024 年）第 26 条、《湖北省各级人民代表大会常务委员会规范性文件备案审查条例》（2024 年）第 15 条、《湖南省规范性文件备案审查条例》（2024 年）第 10 条、《广东省各级人民代表大会常务委员会规

规定模式	范例	法规名称及条文
独立的适当性标准	上级或者本级人民代表大会及其常务委员会的决议、决定相违背的；（五）违反授权决定，超出授权范围的；（六）违反法定程序的；（七）其他违反法律、法规规定的情形。 第23条："对规范性文件进行审查，发现规范性文件存在明显不适当问题，有下列情形之一的，应当提出意见：（一）与党中央的重大决策部署不相符或者与国家重大改革方向不一致的；（二）明显违背社会主义核心价值观和公序良俗的；（三）采取的措施与其目的不符合比例原则的；（四）因现实情况发生重大变化而不宜继续施行的；（五）同一层级的规范性文件之间对同一事项的规定不一致，严重影响规范性文件适用的；（六）其他明显不适当的情形。	范性文件备案审查条例》（2024年）第16条、《海南省各级人民代表大会常务委员会规范性文件备案审查条例》（2024年）第30条、《四川省各级人民代表大会常务委员会规范性文件备案审查条例》（2024年）第27条、《贵州省各级人民代表大会常务委员会规范性文件备案审查条例》（2024年）第17条、《陕西省各级人民代表大会常务委员会规范性文件备案审查规定》（2024年）第20条、《宁夏回族自治区各级人民代表大会常务委员会规范性文件备案审查条例》（2024年）第27条。

2. 省级地方性法规对适当性标准的规定不统一

通过上述对省级备案审查地方性法规进行梳理分类，可以看出对适当性标准规定的模式大概分为两类，即合法性标准与适当性标准混列模式以及独立的适当性标准模式。各省级地方性法规都实现了适当性标准界定上的统一，也即适当性与合法性为并列关系，而非包含关系，这对维护国家法制统一、形成系统化的备案审查制度具有重要作用，对地方开展备案审查工作的实施和开展也有着重要意义。虽然在标准界定上并无差异，但是在法律条文规定的排列上仍然存在着不同的模式，其中混列模式虽然减少了《条例》或《规定》的法条数量，使得其整体更简洁，但是在检索或者使用时还需要区分条款中某一项是否为适当性标准的内容，这使得各备案审查机关在开展备案审查工作时增加了区分上的工序。例如，在某备案审查机关想要对规范性文件做适当性标准的审查时，要先从条文中区分出哪几项是适当性标准的规定，然后再进行适用和判断。此外一些省份的地方性法规对适当性和合法性的规定呈现交叉排列或者表述较为模糊，也会导致备案审查机关在区分时出现混乱的问题。

3.《关于完善和加强备案审查制度的决定》出台后地方性法规的新变化

2023年12月全国人大常委会通过的《关于完善和加强备案审查制度的决定》，对规范性文件备案审查的审查能力和审查效果的提升具有非常重要的意义。《关于完善和加强备案审查制度的决定》第11条规定，"明确审查重点内容。在审查工作中，应当重点审查以下内容：（一）是否符合宪法规定、宪法原则和宪法精神；（二）是否符合党中央的重大决策部署和国家重大改革方向；（三）是否超越权限，减损公民、法人和其他组织权利或者增加其义务；（四）是否违反上位法规定；（五）是否违反法定程序；（六）采取的措施与其目的是否符合比例原则。"第22条第二款规定"省、自治区、直辖市的人民代表大会常务委员会根据有关法律，参照本决定制定本地区有关规范性文件备案审查的规定。"从这些规定看，省、自治区、直辖市的人民代表大会常务委员会应当根据相关法律并参照《关于完善和加强备案审查制度的决定》对该省的地方性法规进行制定或者修改。通过对比《关于完善和加强备案审查制度的决定》出台前后的省级备案审查地方性法规，发现新的省级地方性法规在对审查标准的规定上都有了重要变化，大致体现在以下两个方面：

（1）更加突出政治性标准

《法规、司法解释备案审查工作办法》第39条规定："对法规、司法解释进行审查研究，发现法规、司法解释存在明显不适当问题，有下列情形之一的，应当提出意见：（一）明显违背社会主义核心价值观和公序良俗；（二）对公民、法人或者其他组织的权利和义务的规定明显不合理，或者为实现立法目的所规定的手段与立法目的明显不匹配；（三）因现实情况发生重大变化而不宜继续施行；（四）变通明显无必要或者不可行，或者不适当地行使制定经济特区法规、自治条例、单行条例的权力；（五）其他明显不适当的情形。"该规定首创了备案审查中的政治性审查标准[1]，《关于完善和加强备案审查

---

[1]　参见罗文燕：《行政规范性文件不适当备案审查标准之重述》，载《法治研究》2024年第4期。

制度的决定》作为《法规、司法解释备案审查工作办法》的提升，也延续了《法规、司法解释备案审查工作办法》的政治原则，《关于完善和加强备案审查制度的决定》在第 11 条第二款明确把规范性文件备案审查中"是否符合党中央的重大决策部署和国家重大改革方向"作为重点审查的内容，突出了政治性标准的地位。备案审查的政治性标准在《全国人民代表大会常务委员会法制工作委员会关于十二届全国人大以来暨 2017 年备案审查工作情况的报告》中由全国人大常委会法制工作委员会第一次正式提出，报告明确指出备案审查制度的基本功能是保证中央令出必行和保证宪法法律实施，并且对提升地方立法质量和维护国家法制统一具有重要作用。

在规范层面，《关于完善和加强备案审查制度的决定》并未明确要求地方性法规将"是否符合党中央的重大决策部署和国家重大改革方向"列入备案审查内容，但是通过梳理 31 个省的备案审查地方性法规发现，所有省份均明确将政治性标准纳入备案审查的重点内容之中。如，《新疆维吾尔自治区各级人民代表大会常务委员会规范性文件备案审查条例》（2024 年）第 21 条"对规范性文件进行审查，应当重点审查是否存在以下情形：（一）与党中央的重大决策部署不相符或者与国家重大改革方向不一致"；《江西省各级人民代表大会常务委员会规范性文件备案审查条例》（2024 年）第 17 条"对规范性文件进行审查，发现规范性文件存在与党中央决策部署不相符或者与国家的改革方向不一致问题的，应当提出意见"等等。这一变化表明备案审查机关在进行备案审查工作时要严格践行政治性标准、坚持保证党中央令行禁止的政治原则，也进一步体现了备案审查地方性法规更加突出政治性标准。

（2）将比例原则引入备案审查标准

《关于完善和加强备案审查制度的决定》在对《法规、司法解释备案审查工作办法》规定的审查标准延续的基础上，还明确将比例原则引入备案审查，即《关于完善和加强备案审查制度的决定》第 11 条第 6 项规定"采取的措施与其目的是否符合比例原则"。这是依法治国基本方略实施的必然要求，也标志着我国法治建设达到了新高度。可以说，《关于完善和加强备案审查制度的决定》将比例原则引入规范性文件备案审查标准具有非常重要的理论价值和现实意义。

《关于完善和加强备案审查制度的决定》出台后，各省级规范性文件备案审查的地方性法规中都参照《关于完善和加强备案审查制度的决定》的相关规定，纷纷将比例原则引入适当性审查标准之中。如《浙江省各级人民代表大会常务委员会规范性文件备案审查条例》（2024 年）第 23 条规定"对规范性文件进行审查，应当重点审查是否存在以下不适当情形……（五）采取的措施与其目的不符合比例原则的。"各省级地方性法规如此一致且及时地将比例原则引入本地规范性文件备案审查制度的地方性法规之内，一方面体现了各省、自治区和直辖市积极落实《关于完善和加强备案审查制度的决定》第 22 条的要求，另一方面也体现出比例原则内涵清晰的优势，可以为备案审查机关审查时提供更为细致的审查方法和逻辑框架，从而提升备案审查能力，切实做到备案审查制度"有件必备、有备必审、有错必纠"的核心要求[1]。尽管各地纷纷效仿引入比例原则，但是值得注意的是各省级地方性法规均直接参照《关于完善和加强备案审查制度的决定》的规定对比例原则进行引入、吸收，并没有对比例原则规定细化指标。因此规范性文件备案审查在具体实施中能否充分发挥比例原则的应有效能，还有待在规范性文件备案审查具体实施过程中进行检验。

三、以不适当标准进行审查的意义

规范性文件的适用具有反复性，而不是只有一次，并且规范性文件的范围广、数量多、层次丰富，因此对公民、法人、其他组织的影响更大。[2]同时，规范性文件起着规范社会行为、调整社会关系、保障公民权益的重要作用。正因如此，确保规范性文件的合法性、适当性与有效性具有十分重要的意义，而规范性文件备案审查制度作为一种上级对下级规范性文件是否合法、适当的监督制度，是维护国家法制统一，保持中央令出必行、政令畅通的重要制度，也是保障公民、法人和其他组织合法权益的需要。在这一制度中，不适当标准作为备案审查制度的重要指标，深入探讨其在规范性文件备案审

---

〔1〕　胡业勋、王彦博：《监察规范性文件备案审查制度建构研究》，载《河北法学》2023 年第 7 期。

〔2〕　参见杨书军：《规范性文件备案审查制度的起源与发展》，载《法学杂志》2012 年第 10 期。

查中的意义，对于加强我国法治建设、推进国家治理体系和治理能力现代化具有重要的现实价值。

（一）深化法治原则，维护国家法制统一

适当性标准在规范性文件备案审查中的重要意义在于深化法治原则，确保国家法律体系的内在一致性。法治原则是现代国家治理的基本准则，它要求国家的立法、行政和司法等行为都必须在法律范围内进行。规范性文件作为国家机关制定的重要文件，其内容直接涉及公民、法人和其他组织的权利义务，具有广泛的社会影响力和约束力。因此，确保规范性文件的合法性和适当性，是维护法治原则、保障公民权益的重要前提。

适当性标准作为备案审查的重要依据，它要求规范性文件不仅不能与党中央重大决策部署不相符、同国家改革方向不一致、明显违背核心价值观和公序良俗，还不能存在规范性文件采取的措施与目的不符合比例原则等不适当情形。这一标准的适用，有助于发现并及时纠正规范性文件中可能存在的不当之处，从而维护国家法律体系的内在一致性。

（二）强化行政监督，提升依法行政的效能与公信力

适当性标准在规范性文件备案审查中还具有强化行政监督、提升依法行政效能与公信力的意义。依法行政是现代政府治理的基本要求，它要求行政机关在行使职权时，必须遵守法律、法规和规章的规定，确保行政行为的合法性和合理性。规范性文件作为行政机关进行行政管理的重要依据，其合法性和适当性直接关系到行政行为的合法性和适当性。

在适当性标准的驱使下，行政机关在制定规范性文件时需要更加谨慎，严格遵守法律、法规和规章的规定，避免出现违法或不当的情形。同时，备案审查机关通过对规范性文件的审查，可以及时发现并纠正其中可能存在的问题，确保规范性文件内容上的合法性和适当性。并且在备案审查过程中，备案审查机关行使监督职责的行为有助于提升依法行政效能和行政机关的公信力。通过强化行政监督，可以确保行政机关在行使职权时更加公正、透明和高效，从而提升政府的公信力和社会认可度。

（三）完善人大监督体系，增强监督的权威性和实效性

人大监督是国家监督体系中的重要组成部分，各级人大及其常委会依法

对行政机关、审判机关和检察机关的工作进行监督，确保国家权力机关依法行使职权、履行职责[1]。规范性文件备案审查作为人大监督的重要形式之一，在确保规范性文件合法性与适当性中发挥着重要作用。

适当性标准的适用，可以促使人大及其常委会更加积极地履行监督职责，并且可以依据适当性标准提供的框架和要求对规范性文件的合法性和适当性进行严格的审查。同时，通过备案审查，人大及其常委会可以及时发现并纠正规范性文件中可能存在的问题，确保制定机关在制定规范性文件时严格遵守法律、法规和规章的规定。人大及其常委会的监督职能充分地发挥，有助于增强监督的权威性和实效性。通过完善人大监督体系，可以确保国家权力机关依法行使职权、履行职责，从而维护国家法制的统一。

（四）保障公民、法人和其他组织权益，促进社会和谐稳定与公平正义

公民、法人和其他组织权益是现代社会的重要基石，它要求国家必须保障公民、法人和其他组织所享有的权利和自由。规范性文件作为有权机关对公民、法人和其他组织进行管理的重要依据，其内容直接涉及公民、法人和其他组织的权利和义务。因此，确保规范性文件的合法性和适当性，是保障公民、法人和其他组织权益、促进社会和谐稳定与公平正义的重要前提。

通过审查规范性文件中是否存在限制或剥夺公民、法人和其他组织权利、增加公民、法人和其他组织义务等情形，可以及时发现并纠正其中可能存在的问题，确保公民、法人和其他组织的权利和自由得到充分的保障。同时，通过备案审查，还可以促使有关机关在制定规范性文件时更加注重公平正义的原则，确保不同群体之间的权益得到平衡和协调。进一步保障公民、法人和其他组织的合法权益，促进社会和谐稳定与公平正义的实现。

（五）促进立法优化，提升立法质量和效率

立法是国家治理的重要基石，它要求国家建设科学、合理、公正的法律体系，为公民提供稳定的法律预期和行为准则。规范性文件作为立法的一种重要形式，其质量和效率直接影响到法律体系的完善性和有效性。

适当性标准的运用可以促使制定机关在制定规范性文件时更加注重立法

---

[1]　参见尹中卿：《加强和改进新时代人大监督工作》，载《中国党政干部论坛》2022年第8期。

的科学性和合理性。通过审查规范性文件中是否存在明显不合法、不适当等情形，可以及时发现并纠正其中可能存在的问题，确保规范性文件的合法性和合理性。在备案审查标准的要求下，制定机关在制定规范性文件时也会更加注重立法的效率和质量，确保规范性文件的内容更加符合实际、更加具有可操作性。从而提升立法的质量和效率，完善法律体系、提高法律的权威性和实效性。

综上，规范性文件备案审查中适用适当性标准具有重大的现实意义，一方面适当性标准的适用有利于加强备案审查机关能力建设，促进各级人大及其常委会更好地履行监督职责、开展规范性文件备案审查工作。另一方面，适当性审查标准在备案审查制度中的适用，有助于备案审查机关严格落实"有件必备、有备必审、有错必纠"的要求，切实发挥备案审查制度在维护宪法法律权威、保障宪法法律实施、保证国家法制统一方面的重要作用。[1]

四、适当性标准适用的困境与转折

（一）适当性标准适用的难题

1. 适当性标准较为抽象和模糊

适当性标准与合法性标准不同，合法性标准有上位法作为依据，有相关法律作为参照以及明确的判断逻辑，而适当性的判断往往涉及规范性文件制定机关裁量权的问题，这就使得备案审查机关在审查规范性文件时对适当性的把握变得极其困难。此外，适当性本身就很容易引起歧义，它涉及对社会主义核心价值观和公序良俗、对权利义务规定的合理性、是否符合实际情况以及对立法目的的权衡问题，并且没有肯定的上位法依据和非常明确的认定标准，因此相比合法性标准而言，显得更为抽象，适用也更加困难。

在梳理各省级地方性法规对适当性标准的规定时，发现各省级备案审查的地方性法规中对适当性标准的规定也多为原则性的抽象规定，也未曾涉及备案审查机关如何把握备案审查的适当性标准的问题，这使得备案审查机关在具体实践中对适当性标准的适用有很大的难度。这也导致在备案审查的实

---

〔1〕 参见涂青林、陈尚龙：《规范性文件适当性审查标准若干问题研究——以规范性文件备案审查案例为例的考察》，载《备案审查研究》2021年第1期。

践中，备案审查机关往往更倾向于适用合法性标准对规范性文件进行审查，而忽视了适当性标准的适用，规范性文件备案审查制度的作用也难以发挥到极致。

2. 适当性标准缺乏统一性

通过对备案审查的地方性法规进行梳理，发现在各省规范性文件备案审查的地方性法规中，备案审查的适当性标准有一定的区别。如，北京市、江西省、辽宁省等省份在地方性法规备案审查标准中有"是否存在同一层级的规范性文件之间对同一事项的规定不一致，严重影响规范性文件适用的情形"的规定，而吉林省、山东省、河南省等省份则没有对同一层级规范性文件存在不一致情形的规定。又如，适当性标准中"对公民、法人或者其他组织的权利和义务的规定明显不合理"的规定，为江西省、吉林省、山东省、湖南省等所特有。这些在地方性法规规定中的不一致，会导致各个省份备案审查实践中的不一致，这种因对适当性标准理解上的不同带来的差异，也会导致在备案审查结果上的差异，可能导致各地在备案审查的过程中出现类似于刑法"同案不同判"的现象，不利于发挥备案审查制度维护宪法法律权威、保障宪法法律实施和维护国家法制统一的重要作用，对加强规范性文件备案审查制度建设、提高备案审查能力和质量也会产生一定的阻力。

3. 兜底性条款"弹性较大"

通过对各省级规范性文件备案审查的条例的梳理发现，几乎各地在备案审查适当性标准规定的最后一项都规定有兜底性条款，如《广东省各级人民代表大会常务委员会规范性文件备案审查条例》（2024年）第16条第4项规定"其他明显不适当的情形"，《重庆市各级人民代表大会常务委员会规范性文件备案审查条例》（2024年）第24条第9项规定"其他违反法律、法规或者明显不适当的情形"。这意味着备案审查机关在适当性标准明确规定的条款以外，对不适当的判断有很大的裁量空间，也即规范性文件如果不属于明确规定的情形，而备案审查机关认为其不适当的，则可以按照该兜底性条款认定该规范性文件不适当。兜底性条款确实可以在实践中弥补法律规范的不足，但是也会导致不同机关对该条款解释和适用上的差异，造成不同备案审查机关在审查结果上的冲突，给备案审查工作带来难题和阻碍。[1]

如果各地对兜底性条款的理解难以形成较为统一的标准，可能会给备案审查工作带来困难，严重影响备案审查制度的发展完善和国家的法制统一。在备案审查工作的开展中，各地要结合实际情况对兜底性条款的抽象规定进一步细化，对不适当情形做出具体化规定，为规范性文件备案审查工作提供更加明确的标准和指导。

（二）《关于完善和加强备案审查制度的决定》出台后的新转折

2023 年 12 月 29 日，第十四届全国人民代表大会常务委员会第七次会议通过的《关于完善和加强备案审查制度的决定》是完善和加强备案审查制度的决策部署，对全国人大常委会更好地行使监督职权以及充分发挥备案审查制度保障宪法法律实施和维护国家法制统一，具有非常重要的作用。一方面，《关于完善和加强备案审查制度的决定》通过整合分散的备案审查规定，提高了备案审查机关备案审查工作的效率，提升了在备案审查中法律适用和实施的便利性；另一方面，《关于完善和加强备案审查制度的决定》的出台也标志着备案审查制度的框架已经基本完善，对系统完备地构建规范性文件备案审查制度具有重要意义。《关于完善和加强备案审查制度的决定》只有 22 条，与其他法律、法规和规范性文件相比，显得极为"精简"，但是其蕴含的内容不仅丰富多元，而且频现亮点。

1. 重申"有件必备、有备必审、有错必纠"原则

《关于完善和加强备案审查制度的决定》重申了备案审查工作中"有件必备、有备必审、有错必纠"的原则，这既是备案审查工作中党中央提出的总要求，也是备案审查制度必须要坚持的原则。努力坚持"有件必备、有备必审、有错必纠"原则，才能够稳步提高备案审查工作质量，完善和加强备案审查制度和能力建设。

在备案审查制度中，备案是审查的前提和基础条件，审查是备案的目的。有件必备就是"把所有的规范性文件都纳入备案审查的范围"，一步步将行政法规、地方性法规、自治州和自治县的自治条例和单行条例、经济特区法规、

---

〔1〕 参见孔亚茹：《省级人大常委会规范性文件备案审查标准研究》，扬州大学 2023 年硕士学位论文。

海南自由贸易港法规、浦东新区法规、监察法规、最高法和最高检的相关司法解释等全都纳入备案审查的范围，实现备案全覆盖，接受备案审查机关的审查和监督，更好发挥规范性文件监督机关的监督职能。

审查是备案的目的，也是备案审查制度的核心要素，规范性文件只有经过审查，其存在的不合法、不适当问题才能够被发现，并且得以修改和纠正。对规范性文件的制定机关来说，只有经过备案审查且无违法和不适当问题的规范性文件才能够被正确地适用，从而更好地维护国家利益、公共利益以及公民、法人和其他组织的合法权益。对于规范性文件的备案审查机关来说，有备必审是工作职责，只备案不审查就是没有尽到应有的工作职责。

在规范性文件备案审查过程中，对备案的规范性文件一经发现存在不合宪、不合法、不适当的问题，应当及时督促制定机关及时修改、纠正。[1]只备案不审查，会导致备案审查制度形同虚设；只审查不纠正，会造成备案审查难以实现备案审查的根本目标。备案审查机关监督是否到位就是看备案审查有没有做到有错必纠。

2. 明确备案审查工作目标

《关于完善和加强备案审查制度的决定》在第 1 条就明确了备案审查工作的目标任务，即"切实保证党中央决策部署贯彻落实"、"保障宪法和法律实施"，"保护公民、法人和其他组织合法权益"和"维护国家法制统一"。

《关于完善和加强备案审查制度的决定》第 11 条明确提出对规范性文件应当重点审查其"是否符合党中央的重大决策部署和国家重大改革方向"。中国特色社会主义最本质的特征是党的领导，中国特色社会主义最大的优势是党的领导。因此，备案审查工作的任务就是要保证党中央决策部署得以贯彻落实。备案审查工作的开展必须要坚持党的领导，确保各种规范性文件都不与党中央精神相违背，通过备案审查工作的开展使党中央各项决策部署都得以贯彻落实。在备案审查中一旦发现规范性文件不符合党中央重大决策部署或者国家重大改革方向，应当及时督促制定机关予以纠正。

《关于完善和加强备案审查制度的决定》第 5 条明确要求在备案审查工作

---

〔1〕　参见严冬峰：《〈备案审查决定〉的出台背景和主要内容解读》，载《中国法律评论》2024
年第 1 期。

中大力推进合宪性审查，及时发现行政、司法和监察规范性文件是否存在违反宪法规定、违背宪法精神和原则的内容以及是否与上位法律相抵触的情形，及时发现并坚决纠正违反宪法法律的规范性文件，保障宪法法律权威。一方面，规范性文件是使宪法和法律得以贯彻落实的重要方式，规范性文件的内容是否合宪、合法、适当，关乎着宪法法律是否能够得到正确实施，另一方面，公民尊崇、遵守、信仰和维护宪法和法律是宪法法律实施的必要思想和社会心理条件。只有规范性文件符合宪法和法律，才能够被公民、法人和其他组织正确遵守、尊崇和信仰，按照宪法法律的规定行使权利和履行义务，从而真正实现宪法法律的最终目的，宪法法律的权威才能够真正得以维护。

通过备案审查制度对规范性文件进行监督，对不合法、不适当的规范性文件及时予以发现并督促纠正，可以确保规范性文件在实施中能够真正保障公民、法人和其他组织的合法权益。不仅要对备案的规范性文件进行审查，更要积极地对涉及公民、法人和其他组织的规范性文件进行主动审查、主动监督；不仅要怀着以人民为中心的发展思想开展备案审查工作，更要践行这一思想，在备案审查工作中积极主动地听取公民、法人和其他组织对相关规范性文件的意见和对备案审查工作的建议，确保以人民为中心的理念贯彻备案审查工作的始终，真正地做到维护公民、法人和其他组织的合法权益。

备案审查制度是维护国家法制统一的重要制度安排，备案审查制度作为一项监督制度，就是要对一切违反宪法和法律的规范性文件予以纠正。我国是统一的、多民族的单一制国家，从国家法律体系看，国家只有一部宪法，由统一的中央立法机关根据宪法制定法律；从国家机构的组成看，国家只有一个最高立法机关；从中央与地方的关系看，地方接受中央的统一领导。这就要求规范性文件不得与上位法抵触，并且最终要符合宪法原则、宪法规定和宪法精神。备案审查工作要维护中国特色社会主义法律体系的协调和统一，切实担负起保障宪法法律实施和维护国家法制统一的职责。[1]

3. 拓展审查方式

根据《关于完善和加强备案审查制度的决定》第6、7、8、9、10和第12

---

[1] 参见傅思明：《宪法学》，对外经济贸易大学出版社2014年版，第149页。

条的规定，备案审查机关除了要加强依申请审查、主动审查和开展专项审查，还要增加移送审查方式并新增联合审查机制、推进集中清理工作。

通过《中华人民共和国民事诉讼法》关于移送管辖的规定可知，移送管辖是指人民法院对无管辖权的案件依法移送给有管辖权的法院进行审理。移送管辖是对错误的管辖予以纠正的方式。移送管辖通常只在同级人民法院之间发生，不会发生在上、下级法院之间。而根据《关于完善和加强备案审查制度的决定》的相关规定，移送审查是指全国人大常委会的工作机构发现应当由其他机关处理的问题或者收到的审查建议应当由其他机关进行处理的，及时移送给有关机关处理，并且可以经研究后给相关机关提出相关的审查处理的建议和意见。对其他的备案审查机关在工作中发现的法规、司法解释等存在违宪、违法问题，向全国人大常委会工作机构移送或者提出相关建议的，全国人大常委会工作机构应当进行审查处理。移送审查不同于移送管辖，移送审查不仅涉及同级备案审查机关或者机构之间，更可能在不同级别的审查机关之间进行转移。

联合审查是指全国人大常委会工作机构如果发现规范性文件存在其他工作机关备案审查工作范围内的共性问题，可以联合其他机构共同开展调研或者审查，并且经研究后提出相关审查建议和意见。

集中清理是指对涉及重要法律制定或修改和社会公共利益等方面的法规、规章、司法解释和其他规范性文件等，全国人大常委会以及其工作机构可以根据需要进行集中清理，并督促有关机关及时进行修改或者废止不符合中央精神、时代要求和违反法律的规定，重新作出相关规定。

《关于完善和加强备案审查制度的决定》中新增的移送审查、联合审查和集中清理是针对规范性文件备案审查工作中审查范围边界不清、职权相似等问题的一种新的处理机制。这种新的机制对各备案审查机构在应对职权相似或者范围交叉的备案审查问题上提出了新的要求，也对不同审查机构之间的审查能力提出了新的挑战。如，在审查转移时，接受转移的备案审查机构能否有能力进行审查或者对移送机关提出的审查建议能否认同；在联合审查中，各备案审查机构能否消除分歧，就同一问题达成一致审查意见。《关于完善和加强备案审查制度的决定》完善规范性文件备案审查制度的同时，也对备案审查机关提出了新的调整，这也是对备案审查机关的一种"监督"，需要备案审查机关在备案审查工作中切实履行审查职责，不断完善和加强备案审查能力建设，真正充分发挥备案审查制度效能。

4. 明确审查重点，引入比例原则

（1）明确重点审查内容

《关于完善和加强备案审查制度的决定》出台以来，备案审查制度出现的一个新变化就是明确了重点审查的内容。《关于完善和加强备案审查制度的决定》第11条明确规定备案审查的重点内容，主要包括：规范性文件规定是否符合宪法规定、原则和精神；规范性文件规定是否符合党中央的重大决策部署和国家重大改革方向；规范性文件规定有无超越职权，是否减损公民、法人和其他组织的权利或者增加公民、法人和其他组织的义务；规范性文件的规定是否同上位法规定相违背；规范性文件的规定是否违反法定程序以及规范性文件规定中所采取的措施与目的是否符合比例原则的要求。

审查重点内容的确定，是《关于完善和加强备案审查制度的决定》在对《立法法》、《监督法》和2019年《法规、司法解释备案审查工作办法》等有关备案审查标准的规定进行整合并梳理后，结合备案审查工作的实际情况归纳整理而成。其中第一项规定是为合宪性审查而设定，保障宪法尊严和权威，保障宪法实施的一项重要规定；第二项规定是充分发挥备案审查制度优势，保证党中央令行禁止和党中央决策贯彻落实的一项重要规定，对备案审查制度的发展和完善具有重要意义；第三、四、五项是规范性文件是否合法的规定，再次重申规范性文件不能超越法定权限，不能对公民、法人和其他组织减损权利和增加义务；不能与上位法相违背，不得违反法定程序等问题；第六项是关于规范性文件所采取的措施与目的是否符合比例原则这一亮点内容。

（2）引入比例原则增效赋能

对规范性文件采取的手段或措施与其所要达到的目的是否符合比例原则，是《关于完善和加强备案审查制度的决定》新引入的一项标准。比例原则由古希腊哲学家亚里士多德的分配正义思想演变而来，他认为应当平等适度地分配，如果相同情况的人分配不同，或者不同情况的人分配相同，那么就会导致不公和纠纷，也就是"分配的正义在于是否合比例，违反比例的分配就是不正义的。"[1]并逐渐演变为行政法的基本原则，甚至在很多国家已经发展为宪法原则，直至《关于完善和加强备案审查制度的决定》将比例原则引入备案审查的适当性标准后，比例原则也成为了备案审查的一项重要原则。

①比例原则引入适当性标准的可行性

首先，适当性标准与比例原则的理念一致。适当性标准强调的是规范性文件的规定是否合适、恰当，如明显不适当、明显不匹配、明显不合理、重大变化、明显不一致等都是对这种合适、恰当的一种强调。而比例原则侧重于规范性文件的措施与目的之间是否合适、恰当，即措施不仅能够使目的实现，并且这种措施是必要的，此外还要求这种措施对公民、法人和其他组织的权利或者利益影响最小。措施造成的利益损害与目的所达成的效益之间是否符合比例，如果损害更大，那么该措施就是不合适、不恰当的。适当性标准中不合适、不恰当的相关情形能够通过比例原则进行推导，而且比例原则相较于适当性标准更加具有方法论的意义。因此，适当性标准和比例原则的理念存在一致性。[2]

其次，适当性标准与比例原则所追求的目的相同。在备案审查制度中，规范性文件是否满足合法性只是具有形式上实施的可能性，而为了检验规范性文件是否符合实质的可行性，还要对其适当性予以审查，是否真正满足规范性文件所要实现的目的。比例原则不仅要求手段有助于目的达成，而且还需要检验手段是否在所有能够达成目的的众多手段中对公民、法人和其他组织的利益损害最小。而这种通过对比或者选择的方式对手段进行判断，就是追求实质的可行性。因此，适当性标准与比例原则所追求的本质相同，都是追求实质的正义或者可行性。

最后，比例原则相较于适当性标准，操作性更强。比例原则有自己的一套逻辑严谨的推理框架和判断方法。适当性标准的规定都是一种裁量性基准，备案审查机关在具体操作中还要根据自己的理解进行判断和审查，不同于合法性标准有上位法的参考，也不同于比例性有操作的方法和秩序。因此在具体实践中，比例原则的可操作性更强，适当性标准引入比例原则可以更好地

---

[1] 参见刘权：《比例原则适用的争议与反思》，载《比较法研究》2021 年第 5 期。

[2] 参见马晓庆：《备案审查的适当性原则研究》，山东大学 2021 年硕士学位论文。

弥补适当性标准的不足，对适当性标准的内容进行客观化。因此，比例原则的引入，对适当性标准来说具有重要的方法论意义。

②比例原则引入适当性标准的意义

相对于之前的备案审查工作，比例原则的引入使备案审查工作更为精准和合理，相比于之前抽象的适当性标准，比例原则可以使备案审查机关有一定的基准、理论和方法去具体运用这一标准审查规范性文件是否适当、采取的措施是否满足均衡性、必要性和妥当性，从而使规范性文件的备案审查更加具有说服力和逻辑性。比例原则引入备案审查标准，不仅为备案审查工作的开展增效赋能，对规范性文件的制定提出新的要求，而且为学术界的理论发展提供新的方向和思路。其重要作用的发挥大致可以归纳为以下几个方面：

首先，在规范性文件备案审查层面。备案审查主要是检测规范性文件是否合法以及国家公权力对公民权利是否存在不合理限制，这就要求备案审查机关在备案审查中判断规范性文件是否存在违法、不适当等情况，而适当性要求规范性文件要在内容上具有正当性和合理性，因此需要一定的方法或者分析模式来把握适当性。比例原则的引入可以增强备案审查机关在审查说理中的说服力和学理性，能够更准确地指出规范性文件内容不适当之处，从而更能说服规范性文件制定机关并督促制定机关准确地予以纠正处理。[1]比例原则的应用还有助于提升审查过程的透明度和公正性。由于比例原则要求审查机构在审查过程中必须遵循明确的步骤和标准，这使得审查过程更加可预测和可监督。同时，通过公开透明的沟通机制，社会各界也能够更好地了解审查机关的审查标准和决策过程，从而增强对政策制定和执行过程的信任和支持。

其次，在规范性文件的制定层面。制定机关享有一定的裁量权，但是这种裁量权是基于一定目的或为达到某种公共利益而选择何种方式或措施的权力，这就要求制定机关在制定规范性文件时要在公共利益和公民、法人和其他组织的利益之间进行衡量和选择，这就需要规范性文件制定机关在衡量时参照一定的标准或原则。比例原则的引入，恰恰满足了规范性文件制定机关

[1] 参见秦前红：《"备案审查决定"的时代品质与现实意义》，载《上海法治报》2024年1月22日B1版。

衡量利益时所需要的标准。如，规范性文件的制定是否符合制定机关的立法目的，是否符合国家利益、公共利益以及公民、法人和其他组织的合法权益，是否符合实质正义。规范性文件的制定所采取的手段是否有利于立法目的的实现，以及在实现目的的所有手段中是否对相对人的权利损害和影响最小，目的实现所带来的效益和采取的措施所带来的损失是否合乎比例等。因此，比例原则可以提供一种精确把握规范性文件适当性的分析模式或者方法框架，从而更好地监督规范性文件的制定和实施，进一步提升规范性文件质量。

再次，比例原则的引入可以为备案审查机关和规范性文件制定机关搭建沟通的桥梁，备案审查机关与规范性文件制定机关并非"敌对关系"，而是共同致力于规范性文件更好地实施，从而维护国家利益、公共利益和公民、法人和其他组织合法权益的"共同体"。因此，规范性文件制定机关与备案审查机关是否能够良性沟通是提升政策制定与执行效率、确保法规体系内部一致性的关键环节。在这个过程中，比例原则作为一项重要的法律原则，发挥着不可或缺的桥梁作用。比例原则的核心在于要求权力在行使时，其目的和手段之间必须保持合理的比例关系，既要实现立法目标，又要将对公民、法人和其他组织权利和自由的影响限制在尽可能小的范围内。这一原则不仅内涵清晰，而且其应用步骤也相对确定，为审查机构提供了一个稳定而具体的审查框架。当审查机关依据比例原则对各项规范进行审查时，他们能够在一个相对稳定的框架内，与各规范制定机关就不同规范的内容、目的、影响等方面进行细致深入的沟通。这种沟通不仅有助于审查机关准确理解规范制定机构的初衷和考量，还能够让规范制定机构了解审查机构对规范合法性和适当性的具体要求。通过这种方式，双方能够在充分交流的基础上，最大程度地减小彼此间的分歧，共同聚焦于真正的争议点，着眼于需要重点讨论和解决的问题[1]。

最后，比例原则还可以为学界相关理论的发展提供新的思考和视角，实现实务与学术研究的良性互动。在备案审查制度正式将"比例原则"纳入其审查标准之前，学界已经对比例原则展开了广泛而深入的研究，这些研究不仅涵盖了比例原则的理论基础、历史渊源，还深入探讨了其在不同法律领域

---

〔1〕 参见秦前红：《"备案审查决定"的时代品质与现实意义》，载《上海法治报》2024年1月22日B1版。

中的具体应用及其对社会、经济、文化等多方面的影响。这些丰富的学术成果为审查机构在实践中运用比例原则提供了坚实的理论基础和宝贵的实践经验。当审查机关在实际操作中开始运用比例原则时，它们完全有能力对学界已有的研究成果进行批判性使用。这意味着，审查机关不仅要吸收和借鉴学界关于比例原则的正确理解和成功应用案例，还要对其中的争议点、模糊地带以及可能存在的理论缺陷进行深入的剖析和反思。通过这种批判性的利用，审查机构可以更加精准地把握比例原则的核心要义，避免在实践中出现偏差或误解，从而确保审查工作的准确性和公正性。同时，比例原则在实际运用过程中，由于面临复杂多变的现实情境和不断演变的法律环境，大概率会产生诸多新的问题和挑战。这些问题可能涉及比例原则在不同领域、不同情境下的具体应用方式、界限划分、利益权衡等方面。这些新问题的出现，不仅为学界提供了新的研究方向和课题，也为实务界提供了新的实践探索和创新的机遇。因此，比例原则在实际运用中的新问题，实际上为学界与实务界之间的双向互动搭建了一个重要的桥梁。[1]学界可以通过对这些新问题的深入研究，为实务界提供更加科学、合理的理论指导和解决方案；而实务界则可以通过对实际案例的总结和反思，为学界提供更加丰富、生动的实践素材和验证机会。这种双向互动不仅有助于推动比例原则在理论和实践上的不断完善和发展，还有助于提升整个法律体系的科学性和有效性。

五、适当性标准中比例原则的适用

（一）比例原则在适当性标准中的具体展开

比例原则包含三个子原则，即适当性原则、必要性原则和均衡性原则。比例原则在适当性标准中的具体适用本质上就是对比例原则三个子原则的具体化。

1. 适当性原则

适当性原则主要是判断规范性文件采取的措施是否有助于目的的实现，当然前提要求是目的存在正当性，如果措施不利于目的的实现，则认为是不

---

〔1〕 参见秦前红：《"备案审查决定"的时代品质与现实意义》，载《上海法治报》2024年1月22日B1版。

适当的。对适当性原则的展开可以从目的、手段和目的与手段的关系三个方面进行分析。

首先，适当性原则要求目的是正当的。规范性文件的制定机关必然要通过规范性文件的实施来实现某种目的，比如提高行政效率，保障公民、法人和其他组织权益等。而且希望实现的目的可能不止一个，这些不同的目的可能有一定的主次关系，也可能是同等重要的并列关系。如果规范性文件的制定机关希望通过规范性文件的实施达到提高治理能力和行政效率等目的，那么这就意味着行政机关的权力得到了限制，保障了公民、法人和其他组织的权利。在实际生活中，行政机关制定规范性文件往往都是出于公共利益等正当目的，但是有时一些行政机关制定规范性文件的目的是地方利益保护或者部门利益倾斜，甚至出现借公共名义为本机关或部门谋取私利的，这种目的都是不正当的，对这类规范性文件都是要进行纠正或废止的。对目的正当性的判断往往以是否存在上位法或者相关规划和报告为依据，比如《政府工作报告》《国家经济和社会发展规划》等。如果存在依据，那么符合这些依据要求的就是适当的，反之则不适当；如果不存在这些依据，那么就要结合国家的方针政策、中央的决策部署进行综合分析。[1]

其次，适当性原则要求手段具有妥当性。当规范性文件的目的具备正当性后，就要对手段是否能够实现其目的的妥当性进行审查。规范性文件制定时主要是对实现规范性文件目的的措施或手段进行抉择，如果规范性文件的目的是正当的，但是手段却无法保证目的的实现，那么这种手段就是不妥当的，规范性文件就是不适当的，就不符合比例原则。手段不要求能够完全实现目的，只要其具备目的实现的趋势或者可能性即可，只有不存在这种趋势或者可能性时，手段才会缺乏适当性。对手段的审查还要看其是否合法、合理，如果该手段不合法、不合理，那么即使能够保证目的实现也是不妥当的。第一，手段合法。为了实现规范性文件的目的，采取的手段必须有上位法的依据，不得违背上位法的规定。比如某地区为了严格落实义务教育，控制初中辍学的问题，发布规范性文件规定对未取得初中毕业证书的青少年不予办

---

〔1〕　参见罗文燕：《行政规范性文件备案审查中比例原则的适用》，载《浙江工商大学学报》2024年第2期。

理结婚证、驾驶证和相关工作证明等，在接受政府发放的福利时也要审查青少年有无完成义务教育。这一规范性文件虽然在目的上具有正当性，但是所采取的措施没有上位法的依据，属于不合法，因此该规范性文件的手段就不具备妥当性，该规范性文件就不具备适当性。第二，手段合理。规范性文件的手段不仅需要有上位法依据，还要为社会一般人所接受，合乎基本的理性。比如，某城市为了提升城市环境卫生水平，出台了一项规范性文件，要求所有临街商铺必须在每天营业结束后使用高压水枪冲洗门前路面。该规定的目的确实是保持城市的整洁干净，减少灰尘和垃圾，提升城市整体形象，为市民创造良好的生活环境，然而，这个手段却存在不合理之处。首先，高压水枪冲洗需要耗费大量的水资源，在一些水资源紧张的地区，这可能会造成资源的浪费。其次，并非所有的商铺都有条件进行高压水枪冲洗，比如一些小本经营的店铺可能没有购买高压水枪的经济实力，也没有存放和操作高压水枪的空间。而且，对于一些特殊行业的商铺，如食品店、书店等，高压水枪冲洗可能会对店内的商品造成损坏。此外，高压水枪冲洗可能会产生噪声，影响周边居民的生活。同时，如果操作不当，还可能导致污水横流，反而影响了环境卫生。因此对规范性文件的手段进行审查时，不仅要看手段有无保证目的实现的可能，还要看手段本身是否符合上位法的规定，是否存在一般人所能接受的合理性[1]。

最后，在目的适当、手段妥当之后，还要看目的与手段之间的关系。正如前文所说，在审查手段的妥当性时并不要求手段一定要实现目的，因此这里的关系也并不是一种"如果……就"的关系，不需要手段一经实施，目的一定可以实现。这里的关系是指手段促进目的实现的一种正向性关系。对于存在正向性作用的手段，应当予以采取；对于不存在正向性作用的手段或者措施，应当予以否认或者纠正。

2. 必要性原则

必要性原则是指规范性文件制定机关在实现某种目的时，是否选择了对

---

〔1〕 参见罗文燕：《行政规范性文件备案审查中比例原则的适用》，载《浙江工商大学学报》2024年第2期。

公民、法人和其他组织的利益损害更小或者限制更少的手段和措施〔1〕。即规范性文件所选择的手段和措施是否在相同条件下对公民、法人和其他组织的限制或者损害最小。必要性原则是对适当性原则的一种补充，如果规范性文件只关注目的的实现，而不关注规范性文件所采取的措施对公民、法人和其他组织的影响，那么公民、法人和其他组织的合法权益就得不到保障。适当性原则侧重手段与目的的关系，而必要性原则侧重于手段与结果之间的关系。在规范性文件的目的具有正当性、所采取的手段具备妥当性后，要考虑规范性文件采取的措施所带来结果的损害性。比如，某城市为了缓解交通拥堵问题，考虑采取措施限制车辆出行。最初有两种方案可供选择，一种是直接禁止某类车辆在特定时段进入市区，另一种是通过提高特定区域的停车费用来调节车辆流量。如果直接禁止某类车辆进入市区，会给这部分车主带来极大的不便，影响他们的正常出行和工作生活，同时也可能引发一些社会矛盾。而提高特定区域的停车费用，虽然也会在一定程度上影响车主的出行决策，但相对来说，对公民权利的限制更小。车主可以根据自己的实际情况选择是否在高收费区域停车，或者选择其他交通方式。这种情况下，选择提高停车费用的方案更符合必要性原则。

必要性原则的核心就是所采取的手段或措施对公民、法人和其他组织的限制或者影响是最小的。最小不是绝对意义上的最小，因为不可能存在实现目的又不影响公民、法人和其他组织权利和利益的手段或措施，因此排除最理想的无损害状态，这里的最小是相对于在同等条件下所有手段中对公民、法人和其他组织的损害最小，在现实中没有一种客观的衡量标准或者计算公式，需要在选择中对不同价值进行判断和权衡〔2〕。最小本身就是一个带有主观色彩的价值判断，"一千个读者就有一千个哈姆雷特"，因此不同的审查机关对最小的判断可能就会有不同，对必要性中损害最小的判断只能在不同的价值和利益之间反复权衡，而无法做出绝对性的排除和选择。

在现实情况中，往往手段的有效性和损害性之间存在着一种反比性关系，

---

〔1〕　参见陈乾：《备案审查中的比例原则适用问题研究》，载《备案审查研究》2023 年第 3 期。

〔2〕　参见罗文燕：《行政规范性文件备案审查中比例原则的适用》，载《浙江工商大学学报》2024 年第 2 期。

也即对公民、法人和其他组织限制和损害越大的手段往往更能高效地实现目的，对公民、法人和其他组织损害和限制越小的手段往往在实现目的的效果上更差。[1]比如，城市为了治理交通拥堵问题，有两种手段可以选择。一种是直接采取单双号限行措施，这对公众的限制和损害较大，很多车主的出行自由受到极大影响，他们可能需要调整自己的出行计划，甚至可能需要购买第二辆车来应对限行规定。但这种手段在实现缓解交通拥堵的目的上可能比较高效，因为它直接减少了道路上的车辆数量。另一种是加大公共交通的投入，优化公交线路、增加公交车辆和班次、提高公共交通的舒适度等。这种手段对公众的损害和限制较小，市民仍然可以根据自己的需求选择出行方式。然而，这种手段在实现缓解交通拥堵目的的效果上可能相对较差，因为公共交通的完善需要一定的时间，而且部分人可能因为习惯等原因仍然选择开车出行，短期内可能无法迅速有效地缓解交通拥堵问题。因此在对必要性进行衡量时不仅要考虑损害最小的问题，也要兼顾手段对目的实现的实效性问题。

根据以上分析，对必要性原则的判断要分两步走：第一步，在所有能够帮助目的实现的备选手段中考虑哪种手段更加有助于目的的实现；第二步，通过第一步筛选后，在所有手段都能够很好实现目的时，进一步判断何种手段更温和，也就是对公民、法人和其他组织的损害相对最小。对损害最小的判断也可以分为不同模式：（1）如果不同的手段对公民、法人和其他组织带来的损害属于同一类型，如均为财产性或均为人身性，那么备案审查机关就需要结合社会现状和规范性文件实施地区的现实进行综合衡量，也可以选择调查、投票或者座谈会的方式帮助审查机关进行权衡；（2）如果不同的手段给公民、法人和其他组织带来的损害属于不同类型，如一种手段可能限制公众的财产权，另一种手段可能限制公众的人身权，我们认为人身权往往要重于财产权，因为人身权具有特定性，无法进行替代，而财产权可以通过替代的方式予以替补，所以针对损害不同的情况，审查机关可以对不同权益的重要性进行分析并作出判断。

---

〔1〕 参见罗文燕：《行政规范性文件备案审查中比例原则的适用》，载《浙江工商大学学报》2024 年第 2 期。

3. 均衡性原则

均衡性原则是指规范性文件所采取的手段给公民、法人和其他组织带来的限制和损害与所要实现的目的之间不能失衡。均衡性原则主要是对公共利益和个人利益进行权衡，既要考虑选择的手段对公民、法人和其他组织的损害是最小的，也要考虑手段所追求的目的所带来的利益与手段所带来的损害是否相称。如果手段对公民、法人和其他组织带来的损害大于其追求的目的所带来的利益，这种手段与目的之间就不存在均衡性。那么即使这种手段相比于其他手段对公民、法人和其他组织的损害最小，也不符合比例原则。

在现实生活中，不存在只实现公共利益而不损害个人利益的规范性文件，因此不能仅着眼于公共利益，还要顾及个人利益的保障。在公共利益的实现与对个人权益的损害之间达到最优状态，使得对公民、法人和其他组织权益的损害小于该行政目的所实现的社会公共利益。比如，某城市为了举办一场重大国际体育赛事，需要对部分区域进行升级改造。有两种方案可供选择，一种是大规模拆迁周边老旧居民区，新建现代化体育设施和配套设施。这种方案虽然能快速实现赛事举办所需的高标准场地和设施要求，但会给大量居民带来巨大的财产损失和生活不便，甚至可能导致一些居民失去住所，同时拆迁和新建过程也会耗费大量的资源和资金，对环境造成较大影响。而且从社会公共利益的角度来看，仅仅为了一场赛事而进行如此大规模的拆迁，给相对人造成的损害与赛事所带来的社会公共利益相比严重失衡。另一种方案是在现有设施的基础上进行适度改造和升级，利用一些闲置的公共空间搭建临时设施，同时加强周边环境的整治和管理。这种方案虽然可能无法达到最高的赛事标准，但能在一定程度上满足赛事需求，同时对居民的影响较小，耗费的资源和资金也相对较少，对环境的破坏也较小。从均衡性原则来看，这种方案更符合要求，因为它在实现赛事目的的同时，尽量减少了对公民、法人和其他组织权益的损害，两者之间达到了相对平衡的状态。

在审查均衡性原则时，可以从以下几个角度进行判断：（1）价值位阶。不论公共利益还是个人利益都存在价值位阶，也即价值的轻重之分。[1]比如，

[1]　参见罗文燕：《行政规范性文件备案审查中比例原则的适用》，载《浙江工商大学学报》2024年第2期。

对个人利益来说：生命权大于自由权，自由权又大于财产权；对公共利益来说：为了保护公众的生命安全和身体健康，可以暂时牺牲一定的经济利益。在作均衡性判断时，需要对不同的利益进行位阶分析，从而综合判断做出利益权衡的选择。（2）个案均衡。我们在权衡公共利益与个人损害的均衡性时，还要考虑手段对个人带来的损害是否在个案中均衡，不能一概而论、脱离实际。比如，在某市老旧小区改造项目中，政府为了提升城市整体风貌和居民生活质量，决定对一些违法搭建进行拆除。从公共利益的角度来看，拆除违法搭建有助于消除安全隐患、改善居住环境、提升城市形象等，具有一定的正当性。在这个过程中，一位独居老人在自家房屋外搭建了一个小型的储物间，用于存放一些生活杂物。虽然从价值位阶来看，这种私自搭建的储物间所涉及的权利相对不是那么核心，然而，对老人来说，他所有的重要物品和回忆都存放在这个储物间里，并且由于身体原因，无法及时对物品进行转移安置。如果政府直接强行拆除储物间，那么对这位老人来说，这种损害可能是不可承受的，也将导致个案中均衡性的失调。

（二）比例原则具体化构想

在《关于完善和加强备案审查制度的决定》将比例原则引入适当性标准后，各省级地方性法规也纷纷将比例原则引入本地规范性文件备案审查适当性标准之中。一方面，反映出各省级地方性法规积极落实《关于完善和加强备案审查制度的决定》要求；另一方面也从侧面反映出各省级地方性法规在备案审查工作中适用适当性标准时确实存在困境。从前文分析来看，适当性标准的规定较为模糊，相对于合法性，规范性文件备案审查机关对适当性标准尺度的把握较为困难，在具体实践中的适用也有一定的难度。从这一角度讲，《关于完善和加强备案审查制度的决定》引入的比例原则为适当性标准的适用提供了具体指标和方法框架。虽然在比例原则加入后，其三个子原则确实为适当性标准提供了较为具体的审查指标，但是通过上文对适当性原则、必要性原则和均衡性原则的展开发现，子原则的规定仍存在一定的抽象性，需要备案审查机关在适用比例原则中，进行一定主观性的判断和衡量。审查标准越客观、规定越细致，审查标准的适用才能越客观，对适当性标准的把握才能更精确。对比例原则的子原则，可以从以下几个方面进一步细化：

1. 适当性指标的细化构想

（1）明确目的与手段的关联性判断标准

目前对于措施与立法目的是否具有因果关系、正向关联的判断确实相对较为模糊，这在一定程度上影响了备案审查的准确性和权威性。为了进一步明确在不同情境下何种程度的关联才足以认定为符合适当性原则，可以从以下几个方面着手：首先，建立全面的案例库。通过对不同类型立法中目的与手段的常见关联模式进行深入分析和总结，可以为判断提供具体而实际的参考。通过案例库中的类似案例分析，可以确定这种间接影响措施与立法目的的关联性是否足够紧密。其次，引入专家论证机制。对于一些复杂的立法措施和目的关联性判断，可以邀请相关领域的专家进行论证。从更深入的角度分析措施与目的之间的关系，为备案审查提供科学依据。最后，制定明确的判断指南。指南可以明确不同类型的措施与立法目的之间应具备的关联程度，以及在判断过程中需要考虑的因素。例如，对于直接影响立法目的实现的措施，其关联性应达到高度确定的程度；而对于间接影响的措施，可以根据其对中间环节的影响程度以及中间环节与立法目的的紧密程度来综合判断关联性是否足够。

（2）针对不同领域立法制定差异化标准

不同领域的立法具有不同的特点和目标，对适当性的要求也应有所不同。比如，在经济领域的立法中，市场效率的促进往往是核心要求。这就要求立法措施在设计上要充分考虑市场机制的作用，避免过度干预市场而导致效率损失。而在社会给付和福利领域的立法中，对弱势群体权益的保障则是重点。立法措施应具有针对性和实效性，能够切实改善弱势群体的生活状况。为了制定相应的适当性审查标准，可以成立专门的领域审查小组。这些小组由熟悉特定领域的专家和学者组成，他们能够深入了解该领域的特点和需求，制定出符合实际情况的适当性审查标准。同时，不同领域的审查标准也应保持一定的灵活性，以便能够适应不断变化的社会情况和立法需求。

（3）引入成本效益分析方法

适当性原则不仅要考虑措施是否能实现目的，还应考虑实现目的的成本与效益。首先，明确成本和效益的范围。成本不仅包括直接的经济成本，还应包括社会成本、环境成本等。效益也应综合考虑社会效益、经济效益和环境效益等多个方面。其次，建立科学的评估方法。可以采用定量分析和定性分析相结合的方法，对成本和效益进行评估。定量分析可以通过数据统计和模型计算等方式，得出具体的成本和效益数值；定性分析则可以从社会影响、公众满意度等方面进行评估。通过综合运用两种分析方法，可以更全面、准确地评估立法措施的成本效益。最后，将成本效益分析结果纳入备案审查决策过程。如果一项立法措施的成本过高而效益不明显，或者存在其他更具成本效益的替代措施，那么就应考虑对该措施进行调整或修改。同时，成本效益分析也应作为备案审查报告的重要内容，为立法机关和社会公众提供决策参考。

2. 必要性指标的细化构想

（1）建立更精细的措施比较体系

在判断是否存在对公民权利损害更小的替代措施时，目前的审查往往缺乏系统的比较方法。为了建立一套更加精细的措施比较体系，可以从以下几个方面入手：首先，明确比较的维度。可以从措施对公民权利的限制程度、实施的难易程度、对社会秩序的影响、成本效益等多个维度进行比较。例如，在制定治安管理措施时，可以比较不同措施对公民人身自由的限制程度、实施所需的成本以及对社会秩序的维护效果等。其次，确定比较的指标和权重。对于每个比较维度，可以确定具体的指标，并根据其重要性赋予相应的权重。最后，建立措施比较数据库。将不同立法措施的比较结果存入数据库中，以便在今后的备案审查中进行参考和借鉴。数据库也可以为立法机关提供决策支持，帮助备案审查机关选择最符合必要性的措施。

（2）考虑措施的动态适应性

社会实际情况是不断变化的，当初符合必要性原则的措施可能在一段时间后不再适用，在备案审查工作中也需要考虑措施的动态适应性。一方面，可以建立定期审查机制。定期对已实施的立法措施进行审查，评估其是否仍然符合必要性原则。审查的频率可以根据不同领域的特点和立法措施的重要性来确定。另一方面，及时调整不符合必要性原则的措施。如果在审查过程中发现某项立法措施不再符合必要性原则，应要求制定机关及时进行修改或废止。同时，制定机关也应主动关注社会变化，及时对立法措施进行调整和完善，以确保其始终符合必要性原则。

3. 均衡性指标的细化构想

（1）量化利益权衡的标准

均衡性原则要求在公民权利和公共利益之间进行权衡，但目前这种权衡更多是基于主观判断。为了尝试量化利益权衡的标准，可以从以下几个方面进行探索：首先，确定具体的数值指标或比例关系。例如，限制公民权利所带来的公共利益应至少是公民权利损失的两倍，只有在该范围内的措施才被认为是符合均衡性原则的。其次，建立评估模型。可以利用数学模型和数据分析方法，对公民权利和公共利益进行量化评估，也可以对公民权利的损失进行量化评估，将两者进行比较，以判断措施是否符合均衡性原则。

（2）充分考虑多元利益主体的诉求

在利益权衡过程中，不仅要考虑公共利益和公民个人权利，还应充分考虑其他利益主体的诉求。首先，明确多元利益主体的范围。除了企业、社会组织等常见的利益主体外，还应包括特殊群体、行业协会、社区组织等。这些利益主体在不同的立法领域中可能具有不同的利益诉求，需要在备案审查中加以考虑。其次，建立多元利益主体参与的备案审查机制。可以通过公开征求意见、召开听证会、组织专家论证等方式，广泛听取各方意见。最后，综合平衡各方利益。在考虑多元利益主体诉求的基础上，进行综合平衡，确保利益权衡的全面性和公正性。这需要审查人员具备较高的专业素养和综合分析能力，能够在不同利益之间找到平衡点，制定出既符合公共利益又能兼顾各方利益的立法措施。

（3）加强对长期影响和潜在影响的评估

有些立法措施的影响可能是长期的或潜在的，可能要通过具体实践进行检验。一方面，应当建立长期跟踪评估机制。对立法措施的实施效果进行持续监测和评估，及时发现并纠正不符合均衡性原则的问题。可以通过建立数据库、定期发布评估报告等方式，对立法措施的长期影响进行跟踪和分析。

另一方面，进行潜在影响的预测和评估。在立法前，可以采用情景分析、风险评估等方法，对立法措施可能产生的潜在影响进行预测和评估。还可以加强国际经验的借鉴，通过检索分析相关国家在类似立法领域中对长期影响和潜在影响的评估方法和经验，为我国的备案审查提供参考和启示。

第五章

规范性文件备案审查结果的溯及力

一、备案审查结果溯及力的重要意义和涵义

（一）厘清规范性文件备案审查结果溯及力的重要意义

党的十八大以来，党中央把法治建设摆到党和国家工作全局的关键位置来谋划推进，提出了全面依法治国的新理念、新思想、新战略。规范性文件备案审查作为全面依法治国的重要环节，也被提到了前所未有的高度。从制度操作层面看，全国人大常委会法制工作委员会近些年加强了对规范性文件的备案审查力度，并且不断完善制度建设，尤其是全国人大常委会法制工作委员会于 2017 年 12 月首次在十二届全国人大常委会第三十一次会议上报告备案审查工作情况，即广受好评，并且 2018 年和 2019 年又连续两次做了工作情况报告，这貌似已经形成惯例，未来非常有可能会一直延续下去。但不容否认的是，规范性文件备案审查工作仍然存在着诸多问题，备案审查决定的法律效力，就是众多问题之一，而且很可能是比较关键的问题。就我国目前的备案审查情况看，虽然《立法法》和《监督法》都明确规定有权机关对与上位法相抵触或不适当的规范性文件享有撤销权和改变权，但备案审查机关似乎更看好、也更钟情于沟通、协商、督促等手段的使用，对撤销和修改则采取了高度谦抑的消极主义立场。具体到备案审查实践，备案审查机关在备案审查结果的处理方式上，并没有采取撤销、改变和废止等方式，而是通过沟通、询问、提出审查研究意见、发函督促、约谈等不具有法律效力的方式进行的，因此，仍然属于在不作出具有法律效力的决定基础上的非正式监

督。对撤销和改变制度的回避适用，使得备案审查制度对地方立法机关没有任何的威慑力，就像一只没有牙齿的老虎。地方人大常委会可以接受全国人大有关专门委员会或全国人大常委会法制工作委员会的审查意见，也可以不接受，地方人大常委会不接受审查意见，拒绝对地方性法规进行修改的，最终也不了了之。有学者统计指出，八届全国人大对备案法规共审查 3100 多件，全国共发现 90 多件有抵触的地方性法规，也都反馈给了地方人大，但全国人大只收到 8 件反馈意见，最终只有 1 件按全国人大内务司法委员会（现全国人民大监察和司法委员会）的意见进行了纠正。[1]这与当时全国人大常委会办公厅秘书局反映的情况基本上一致，即"发现相抵触的法规，反馈给地方人大常委会后，全国人大常委会办公厅很少收到反馈意见；只有很少的地方根据审查意见进行了纠正，多数情况地方人大一般以各种理由坚持自己的意见。"[2]"在 2018 年开展的'回头看'中，人大常委会法制工作委员会向有关制定机关发出督办函；经督促，各地均已完成法规修改、废止工作。这次'回头看'，突出强化了人大常委会法制工作委员会审查研究意见对制定机关的约束力，无需全国人大常委会动用撤销权，就达到了大面积纠正问题法规的结果，实现了法律效果、社会效果的统一。"[3]在不动用撤销权的情况下，就可以将问题全部或者部分解决，固然是好事，但是，不能由此否定撤销、宣告无效或者宣告废止等制度的重要意义。一方面，暂时不使用撤销权，并不意味着撤销权一定或大概率地永远停留于文本层面而不动用，另一方面，撤销、修改和宣告废止等制度的存在本身，即构成了一种潜在的威慑，某种程度上，通过发督办函等方式即使得被审查机关对存有问题的规范性文件进行主动修改和废止，其中必定有中国特色政治制度中的领导、监督、沟通等体制和机制在发挥作用，但与此同时，也绝对不能否定启动撤销、修改和宣告废止等制度所带来的预期的严重后果的潜在震慑力的功劳。但是，事实上，撤销等决定形式是否应当无效，无效是否应溯及既往，在理论上是存有争议

---

[1] 参见王书成：《宪法审查"忧虑"及方法论寻求——合宪性推定之运用》，载《浙江学刊》2011 年第 1 期。

[2] 蔡定剑：《中国人民代表大会制度》，法律出版社 1998 年版，第 310~311 页。

[3] 梁鹰：《全国人大常委会 2018 年备案审查工作报告述评》，载《中国法律评论》2019 年第 1 期。

的，同时，从法律规定角度讲，即使备案审查机关采取了撤销、改变和废止的方式，我国目前也仍然没有关于撤销等决定的法律效果及其溯及力的规定。对于一个法治国家而言，规范性文件备案审查这种法律监督制度对于法治体系的构建、法律秩序的维护和权力制约、权利保护来说，意义重大，但是，不管备案审查对象如何广泛、审查基准如何妥切、备案审查程序如何严密，只要备案审查结果不具有严格法律效力并且缺乏关于溯及力的规定，那么，该国的备案审查制度都是不完备的，也是不够刚性的，同样是没有牙齿的老虎。据此，从理论上对备案审查结果溯及力的相关问题进行分析，厘清备案审查结果溯及力的内涵、撤销等决定形式是否具有无效的法律效果并且是否具有溯及力、溯及力所涉及的法益等问题，并进一步对备案审查溯及力制度构建中所涉及的重要问题提出建议，非常必要，也是非常重要的。

（二）备案审查结果溯及力与法律文件溯及力

在开始正式的讨论之前，为避免误解，笔者于此处对本章的讨论主题"备案审查结果的溯及力"从内涵上作一个简短的说明。一般意义上的溯及力，作为法的时间效力的重要组成部分，是指新法对它生效以前的行为和事件能否予以适用，如果可以适用，则该法具有溯及力，反之则没有溯及力。一般而言，溯及力是针对法律文件而言的，只有抽象的一般规范才存在是否具有溯及力的问题。人大常委会针对法规、规章、司法解释等规范性文件作出的审查决定，其内容不管是撤销，还是修改、废止，针对的都只是作为审查对象的规范性文件的效力认定问题，该审查决定虽然具有法律效力，但是，其性质也只属于依据一般规范（《立法法》或《监督法》）作出的个别处理，自然是自决定作出之时起向后生效，绝对不产生溯及力的问题。因此，本章题目中的"备案审查结果的溯及力"，貌似逻辑不通。实则，本部分意在借用"溯及力"这一概念，表达各种备案审查结果（主要是"撤销决定"和"要求废止决定"）对备审文件自身时间效力的影响力，意即备案审查决定使备审规范性文件在面向未来失去法律效力的同时，其失效能否回溯过去。实际上，"备案审查结果的溯及力"与法律文件的"溯及力"本义正好相反，法律文件具有溯及力，意指法律文件并非于制定或通过之时，而是在未制定或未通过之时就具有了法律效力；而备案审查结果具有"溯及力"，则表明，备审规范性文件并非于备案审查决定作出之时，而是在该规范性文件制定通过之时，就不具有法律效力。同时，这种现象亦不能被表述为"被撤销、废止后的规范性文件的溯及力"，因为"撤销"和"要求废止"并不决定规范性文件的溯及力，其影响力只及于备审文件生效之后。

二、法律规范与备案审查实践、待出规范与正式规范的差异

在备案审查问题上，备案审查机关的实际操作与国家的法律规定是存在差异的，立法机关在制定备案审查规范的过程中，其意图与理论界的意见、社会的期待也是不一致的，这往往会导致立法结果不能完全满足立法者、利益群体及社会公众各自的需要和期许。

（一）法律规范仅赋予合法性审查权与实践中对适当性内容进行扩展审查的差异

根据《宪法》第 67 条和《立法法》第 97、98、100 条的规定，全国人大常委会对行政法规和地方性法规具有备案审查权，但同时，这些条款也明确规定全国人大常委会的审查权限为合法性审查，也就是对行政法规和地方性法规是否与宪法和法律相抵触进行审查，而并未授予全国人大常委会适当性审查权。[1]但是，从近几年的备案审查实践看，全国人大常委会对法规的备案审查，明显是从合法性和合理性两个维度进行的。先以全国人大常委会法制工作委员会在 2017 年对广东等地涉及人口与计划生育的地方性法规的审查为例。2017 年，王全兴等专家学者联名向全国人大常委会"上书"，提出广东、云南、江西、辽宁、贵州、福建、海南等 7 个省份的计生新规中，用人

──────────

〔1〕《立法法》第 96 条、第 97 条区分了"相抵触"和"不适当"两个概念。官方对此明确指出，"适当性"，就是合理性，就是要"符合客观规律"，"不适当就是不合理、不公平"。全国人大常委会法制工作委员会国家法室编著：《中华人民共和国立法法释义》，法律出版社 2015 年版，第 299、303 页。而《监督法》在合法和合理的概念区分上，则显得有些混乱。《监督法》第 30 条规定："县级以上地方各级人民代表大会常务委员会对下一级人民代表大会及其常务委员会作出的决议、决定和本级人民政府发布的决定、命令，经审查，认为有下列不适当的情形之一的，有权予以撤销：（一）超越法定权限，限制或者剥夺公民、法人和其他组织的合法权利，或者增加公民、法人和其他组织的义务的；（二）同法律、法规规定相抵触的；（三）有其他不适当的情形，应当予以撤销。"从逻辑关系上不难看出，该条所使用的"不适当"一词，明显就是"不合法"的代名词，事实上，"合法"与"合理"（"适当"）这两个词存在本质上的差异。

单位可以与违反地方计划生育条例的职工解除劳动合同或者辞退、开除，违反了《中华人民共和国劳动合同法》（以下简称《劳动合同法》）第39条关于用人单位可以即时单方解除劳动合同之情形的规定；同时，劳动合同法和其他法律都没有授权下位立法可增设用人单位即时单方解除劳动合同之情形的规定。此类规定不仅与《劳动合同法》相抵触，同时与新形势下国家计生政策转型的取向也不相符，建议予以审查。对于该项审查，全国人大常委会法制工作委员会法规备案审查室主任梁鹰明确提出，"这些地方性法规在制定之初是贯彻落实国家的计划生育政策和上位法的规定，但后来形势发生了重大变化，地方性法规应当及时跟进，适时作出调整。这里所进行的就是适当性审查，而不是合法性审查。"〔1〕类似这种基于"形势发生了重大变化"而进行的适当性审查，在全国人大常委会法制工作委员会2019年的备案审查中，多达3例，包括对收容教养制度、《城市供水条例》（行政法规）、"超生即开除"的地方性法规的审查。并且，在2019年的备案审查报告中，已经明确将"不适应现实情况"这种适当性审查与"与宪法法律规定有抵触、不符合"相并列。〔2〕如前所述，《宪法》和《立法法》并未赋予全国人大常委会对法规的适当性审查权限，同时，将审查基准分为合法性和适当性两个方面，也存在着操作的难题，因为，在存在上位法的情形下，无论是适当性基准中的形式合理性基准，还是实质合理性基准，其适用都与合法性基准有重叠，并不容易区分清楚。〔3〕而全国人大常委会将对法规的审查，故意区分为合法性和适当性，可能的意图在于，确立存在合法性问题的法规将自始无效，而存在适当性问题的法规自"宣告"时嗣后无效的规则。〔4〕这一意图可以从全国人

〔1〕　梁鹰：《备案审查制度若干问题探讨》，载《地方立法研究》2019年第6期。

〔2〕　针对备案审查中的适当性审查，有学者指出："法规的内容是否恰当或合理，则不应列入法规审查的标准之内。"参见陈道英：《全国人大常委会法规备案审查制度研究》，载《政治与法律》2012年第7期。

〔3〕　参见陈运生：《地方人大常委会的规范审查制度研究》，中国政法大学出版社2013年版，第253页。

〔4〕　有学者撰文赞成区分合法性审查与适当性审查。该学者指出："合法性审查和适当性审查可能会引发截然不同的法律后果，应当予以明确区分"；"基于合法性被撤销的地方性法规应当认定为自始无效"；"基于适当性被撤销的地方性法规应当认定为自'宣告'之时嗣后无效"。程庆栋：《论适当性审查：以地方性法规为对象》，载《政治与法律》2018年第3期。

大常委会 2019 年备案审查报告中看出端倪。

在该年度备案审查报告中，基于不合法基准和不适当基准作出的审查处理结果及其理由是截然不同的。针对三项法规的不适当问题，在审查归类中使用了"不适应现实情况"的理由和"废止或调整"的结果。其中，针对收容教育制度，使用的理由和结果是"情况发生了很大变化""建议有关方面适时提出相关议案，废止收容教育制度"；针对《城市供水条例》，使用的理由和处理结果是"该行政法规制定时间（1994 年）较早，有关规定与目前城市供水管理体制已不相适应，应当作出必要调整"；针对"超生即开除"的地方性法规，使用的是"我国人口发展已呈现出重大转折性变化，这类规定虽目前有上位法的一定依据，但总的来看已经不适应、不符合党和国家关于改革完善计划生育服务管理的精神和方向，应予适时调整"。从这三例审查来看，在备案审查中增加使用不适当性审查基准，主要考虑的就是其所针对的备审文件，仍然存有上位法的依据，并未与宪法和法律构成直接抵触，但在社会情势发生变更的情况下，该法规已经"不适应现实情况"。此时，恰当的处理方式就是对这类规范性文件进行修订完善或者废止，使其被废止后自此失效或者被修改后面向未来继续生效，而不是对其进行违法性认定进而予以撤销，此种"基于社会效果的考量而刻意选择审查类型"〔1〕的做法，即可避免了对既有社会秩序和法律秩序造成破坏。〔2〕在 2019 年度备案审查报告中所提及的基于合法性审查基准进行审查的地方性法规，在审查归类中使用的理由是"与宪法法律规定有抵触、不符合"。其中，对于授权公安机关交通管理部门调查交通事故时可以查阅、复制当事人通讯记录的地方性法规，其理由是"不符合保护公民通信自由和通信秘密的原则和精神""超越立法权限"；对于人大常委会闭会期间可以由主任会议许可对人大代表进行逮捕的地方性法

---

〔1〕 程庆栋：《论适当性审查：以地方性法规为对象》，载《政治与法律》2018 年第 3 期。

〔2〕 针对"不适应现实情况"的法规所作的审查决定，学者田伟在论文中将其归入"吁请裁判"类型。在德国，在吁请裁判中，宪法法院会判定被审查的规范"仍然"还是合宪的，但呼吁立法者采取行动，以形成完全符合宪法要求的状态，或者防止未来可能面临的违宪状态。宪法法院"在裁判理由中，一般会指出被审查法规在宪法上存在的疑虑，要求立法者注意；此时，立法者负有义务，及时对法律及其适用情况进行观察评估，并在必要时加以修正更新。"田伟：《规范合宪性审查决定的类型与效力》，载《中国法律评论》2020 年第 1 期。此种性质的决定，"核心在于确认受审查之法律'尚属合宪'，同时'警告（或呼吁）'立法者，恢复合宪的状态或防止未来将发生的违宪"。

规，其理由是"与代表法关于县级以上人大代表在本级人大闭会期间非经本级人大常委会许可不受逮捕的规定，存在抵触情形"；对于对有违法记录的机动车实行累积记分办法的地方性法规，其理由是"与道路交通安全法关于对机动车驾驶人违法行为实行累积记分的规定不符合，扩大了现行规定的适用范围"；对于临时占用草原者应当向草原监督管理机构缴纳草原植被恢复费的地方性法规，其理由是"与草原法关于临时占用草原期满必须恢复草原植被，逾期不予恢复，由草原行政主管部门代为恢复，所需费用由违法者承担的规定，存在抵触情形"。这几种被其他学者归纳为"制定生效之时便已经与上位法相抵触，属于'带病出台'，是制定型抵触情形"[1]的地方性法规，当前采取的处理方式虽然仍是通过沟通，让制定机关通过修改的方式自行纠正，但是笔者认为，从性质和违法后果上看，此种制定之初就与《宪法》和已有法律相违背的文件，与"不适应现实情况"的法规，是有本质差别的，前者"体现了立法者对上位法的不尊重，不管是失职还是有意，体现了对上级立法机关不尊重，性质是很严重的，对法治秩序危害很大"[2]，所以，如果制定机关拒绝修改处理，则有权机关不得以对其撤销可能会对既有社会秩序、法律秩序、公共利益等造成破坏作为理由而放任不管或者轻微处理，必须果断地依法予以撤销，并且将其无效溯及制定之初。

（二）《全国人大常委会备案审查工作规范（征求意见稿）》的规定、学者的建议与正式规范的差异

在 2019 年之前，全国人大常委会在备案审查工作中主要适用两个工作规范：一个是全国人大常委会委员长会议于 2000 年审议通过的《行政法规、地方性法规、自治条例和单行条例、经济特区法规备案审查工作程序》，另一个是全国人大常委会委员长会议于 2005 年审议通过的《司法解释备案审查工作程序》。2015 年《立法法》修改后，备案审查工作发生了较大的变化，全国人大常委会法制工作委员会法规备案审查室于 2017 年开始着手研究将两个工

---

〔1〕 郑磊、赵计义：《2019 年备案审查年度报告评述》，载《中国法律评论》2020 年第 2 期。

〔2〕 丁祖年（时任浙江省人民代表大会法制委员会主任委员）在"合宪性视野下的备案审查"研讨会上的小结发言，来自《"合宪性视野下的备案审查"研讨会全程记录》（上），载 https://mp. weixin. qq. com/s/5--_wzhzw_ton8zXj1RIA，最后访问日期：2019 年 11 月 7 日。

作程序修改为统一的备案审查工作规定。在听取意见、调研论证、专题讨论的基础上，形成了《全国人大常委会备案审查工作规范（征求意见稿）》。《全国人大常委会备案审查工作规范（征求意见稿）》最令笔者关注的是其中涉及被撤销、修改或废止的规范性文件的溯及力认定问题，正如前文所述，只有强化审查处理决定的法律效力，才能够使备案审查这种监督方式更具刚性，真正具有捍卫宪法和法律的尊严、维护国家法制统一的能力。对于被撤销、修改或废止后的规范性文件溯及力的认定，《全国人大常委会备案审查工作规范（征求意见稿）》第 50 条规定，"行政法规、地方性法规被全国人大常委会依法撤销的，自撤销的议案通过之日起失效；全国人大常委会依照监督法第 33 条通过关于要求最高人民法院或者最高人民检察院修改、废止司法解释的议案的，司法解释自议案通过之日起停止施行；法规、司法解释被依法撤销或者纠正的，以原法规、司法解释为依据制定的规范性文件自法规、司法解释失效或者停止施行之日起停止适用。"如此规定，表面上与《立法法》与《监督法》的规定没有抵触，且某种意义上是对上位法条文的解释，但是，将"撤销"决定的效力规定为自此失效，否定其失效的溯及既往，不免让人怀疑有刻意抹平"撤销"与"要求废止"之间差别的嫌疑，似乎与立法原意不符，也让我们的美好期待因此落空。

对于《全国人大常委会备案审查工作规范（征求意见稿）》第 50 条的规定，在全国人大常委会法制工作委员会法规备案审查室专门召开的座谈会上，很多与会人员提出过意见和建议。有学者认为，应当对被撤销或者纠正的法规、司法解释违反上位法的情形作出区分：如果是因为违反制定时的上位法被撤销、纠正的，应当自始无效；如果是因为上位法发生变化后没有及时修改被纠正的，严格来说不应属于备案审查的范畴，而属于对法规、司法解释进行清理的范畴；还有学者提出，对已经依据被撤销、纠正的法规、司法解释处理的具体案件，原则上应从维护法律秩序的安定性出发，维持其既判力。但是对于涉及公民、组织特别重大利益的，应当从维护公民、组织合法权利出发予以纠正；还有与会人员建议在该条中增加"法规、司法解释被纠正或者撤销后，依据该法规、司法解释制定的规章、规范性文件应当及时进行修改或者废止"的规定。[1]这些学者的意见和建议,基本上表达了对纠正制度溯及力的美好期待,笔者当时也同样寄期望于在正式出台的法律中,立法机关能够采纳这些意见和建议,在备案审查专门立法中明确规定规范性文件撤销决定的溯及无效制度。

2019年12月16日,第十三届全国人大常委会第44次委员长会议正式通过了《法规、司法解释备案审查工作办法》。《法规、司法解释备案审查工作办法》对于备案审查决定的效力规定,不但没有在《全国人大常委会备案审查工作规范(征求意见稿)》的基础上朝着溯及力方向再迈出一步,反而将《全国人大常委会备案审查工作规范(征求意见稿)》中有关撤销、修改和废止的效力规定尽数删掉。[2]目前,《法规、司法解释备案审查工作办法》第四章"处理"部分,从第40条到第47条,规定了沟通、询问——再沟通——提出书面审查研究意见——发函督促、约谈制定机关负责人——撤销、修改、废止的程序,总体来看,仍然保持在《立法法》和《监督法》的框架和规定范围之内,至于撤销、修改和废止等审查决定作出之后,被审查的规范性文件的效力如何,则没有任何提及。随着《法规、司法解释备案审查工作办法》的正式出台,立法中关于撤销、修改和废止决定应否溯及无效的争论已经尘埃落定,但是,备案审查决定在实践中的效力到底如何的问题,并没有得到解决,同时,围绕着溯及力问题的讨论也没有停息,而且大抵永无止休。立法作为一项复杂的利益博弈的结果,未明确规定溯及力问题,可能存在当前情况不具备实施条件、理论与实践的争议无法平衡等多重考虑,但当前文本未提及,并不意味着相关问题已经得到妥善解决,也不表明未来基于实践发展所需不会在修法时予以规定。对此,有专家在新近发表的论文中明确指出,"我国未来仍然有必要在备案审查程序中专门规定撤销决定的溯及

---

〔1〕 朱宁宁:《全国人大常委会法制工作委员会相关部门研究起草备案审查工作规定》,载《法制日报》2018年10月16日,第10版。

〔2〕 官方对此的解释是:"目前还难以对备案审查中撤销决定的溯及力问题作出统一的规定。对规范性文件被撤销后的溯及力问题,需要对各方当事人和其他关系人的利益以及社会利益进行综合考量,同时还要考虑对法秩序安定性的影响等因素,慎重作出处理。"全国人大常委会法制工作委员会法规备案审查室:《规范性文件备案审查理论与实务》,中国民主法制出版社2020年版,第173页。

力问题，从而使得备案审查的结果能够兼顾法安定性与实质正义。"[1]因为，截至目前，《全国人大常委会备案审查工作规范（征求意见稿）》是唯一一部规定规范性文件被撤销后效力如何的文件，是立法者在立法文件中第一次直面违法规范性文件被撤销后的溯及力问题[2]，所以非常有必要以《全国人大常委会备案审查工作规范（征求意见稿）》的相关规定为起点展开进一步讨论，进而提出可行性建议，以供后续立法参考使用。

三、规范性文件备案审查结果溯及力所涉法益及衡量

在规范性文件备案审查结果是否具有溯及力这一问题上，不论是理论界争议的无休无止还是实务部门态度上的犹豫不决，归根结底，都源于无法对规范性文件备案审查结果所涉及的多种法益做出一致的取舍。毕竟，备案审查结果的溯及力，所涉法益众多，单独某一种法益已经是法治国家建设中不能舍弃的重要一环，更遑论多种法益交织在一起时，欲完美地达到取一弃多且皆大欢喜的结果，更是难上加难。

（一）备案审查结果溯及力所涉及的法益

1. 法的一致性

从理论上讲，法律秩序内涵的一致性，要求任何法律制度都必须是一个没有冲突的整体。一个完美的法律制度对一个法律问题只能提供一个且只有一个正确解决方案，否则，法律制度的目标、法的协调性、法的安定性，就都无法得到保障。在法律体系内部，不同主体所制定的规范在效力上具有位阶之分，首先，依据宪法优位的原则，宪法的效力位阶最高；其次，代议机关制定的法律，位阶要高于行政机关制定的法规、命令或规章；再者，在单一制国家和一部分联邦制国家，全国机关的法律规范，在效力上，要高于地

---

[1] 王锴：《论备案审查结果的溯及力——以合宪性审查为例》，载《当代法学》2020 年第 6 期。

[2] 此前由全国人大常委委员长会议通过、已经使用了近二十年的两部备案审查文件，都回避了违法规范性文件被撤销后的溯及力问题。如《行政法规、地方性法规、自治条例和单行条例、经济特区法规备案审查工作程序》第 12 条规定：制定机关对法规不予修改的，法律委员会和有关的专门委员会可以向委员长会议提出书面审查意见和予以撤销的议案；《司法解释备案审查工作程序》第 13 条规定：制定机关对司法解释不予修改或废止的，内务司法委员会可以向委员长会议提出要求制定机关修改或废止该规范性文件的议案。

方机关制定的法律规范。根据一致性原则，在法律体系内部，不容许存在相互冲突的规范，下位机关如果制定了违背上位之法的规范，即属于侵犯了法的一致性原则，该规范应当自始不具有效力。法律体系的一致性原则，某种程度上其实也是对法的权威性的表达。法的权威性，除了体现在人们对具体的法律规范的遵守上，在法律体系内部，下位法与上位法保持一致，就是下位法对上位法的效力表示尊重，也就是变相表达了上位法的权威性。具体到规范性文件备案审查结果的溯及力问题，允许审查结果具有溯及无效的效力，使得违法的备审文件面向过去失去效力，其实就是在化解法律体系中的冲突，恢复一度被破坏的和谐的法律秩序，树立上位法规范的权威，保障法律制度内部的规范的一致。所以，备案审查结果具有溯及力与法的一致性和权威性原则，是正相关的。

2. 法的安定性

作为法的形式原则之一的安定性，在学术文献中虽然没有一个被普遍接受的定义，但其内涵的"法律体系的规范要尽可能是确定的，且它们要被最大程度地遵守"[1]，"法规范的内容必须处于一种稳定的状态，使人们可以就此事先预测其所作所为将得到何种法律效果"这一内容却是被广泛接受的。从这一意义上说，"法的安定性与法的可预测性这两个概念可以互换而不改变其意义"[2]，法从产生伊始，也正是通过为社会提供确定的行为准则进而建构稳定的社会秩序而存在的。法只有具备安定性特征，行政机关和司法机关适用法所作出的行为和裁判，才有可能具备一定的连续性和可预测性，人们也因此可能根据可预测的行政行为和司法裁判来调整自己的行为方式，对有可能接踵而至的受益或者迎面而来的公权力侵犯采取应对之策。德国学者赖特布鲁赫早在 1946 年发表的《法律上的不法与超法律的法》中就提出了法治国家司法应该具备的三个条件，即合法性、正义性和法律安定性，在学者眼中，这三个条件也正是对于一个法治国家要件的要求，"溯及既往问题的关键即法律安定性"，"对法律溯及理论发展而言，赖特布鲁赫教授所强调的法律

---

〔1〕　[德] 罗伯特·阿列克西：《法的安定性与正确性》，宋旭光译，载《东方法学》2017 年第 3 期。

〔2〕　雷磊：《法律方法、法的安定性与法治》，载《法学家》2015 年第 4 期。

安定性原则构成法治国概念的要素之一，当是具有时代的意义"。[1] 具体到规范性文件备案审查结果的溯及力问题上，如果赋予备案审查结果以溯及力，使得被审查的规范性文件溯及过去的某一时间（如制定之初）失去效力，那么，在该文件曾经具有效力的时间内，行政机关、司法机关依据该文件所作出的行政行为和司法裁判、人们根据对该规则的预期所作出的行为和判断等，统统都可能被推翻或者至少会受到一定的影响，此时，法的安定性即受到了不能容忍的损害；反之，如果不赋予备案审查结果以溯及力，而是使其面向未来失效，则法律秩序就不会发生颠覆性的变动，法的安定性也因此得到了维持。从这一意义上讲，规范性文件备案审查结果的溯及力与法的安定性原则是负相关、不相容的。[2]

3. 公民、法人和其他组织的权益

我国《立法法》第 104 条规定："法律、行政法规、地方性法规、自治条例和单行条例、规章不溯及既往，但为了更好地保护公民、法人和其他组织的权利和利益而作的特别规定除外。"作为制定法是否具有溯及力的规定，该条款规定了法一般不溯及既往，但为了保护公民、法人和其他组织的权利和利益可以例外溯及，由此可以看出私人的权利和利益保护，是法律秩序构建的重要目标。在备案审查领域，是否赋予规范性文件的备案审查结果以溯及力，同样涉及对公民、法人和其他组织的权利和利益的保护。其理由是，公民、法人和其他组织的权利和利益与被审查的规范性文件之间具有极为重要的关联。以行政法领域为例，理论界一直都更关注具体行政行为被撤销后的效力问题，这可能基于两个考虑，一方面，基于有损害必有救济的理念，公民、法人和其他组织的合法权益受到行政机关的具体行政行为的损害，一旦这个具体行政行为事后被认定为违法，为受损害的合法权益提供实质性的救济就成为理所当然；另一方面，具体行政行为比较"具体"，被违法行为侵害权益的人数一般较少、甚至单一，易于确定，违法行为所侵犯的权益也因此更容易被显现并放大。相比而言，一般认为，行政法规、行政规章、其他规

---

〔1〕 陈新民：《德国公法学基础理论（下册）》，山东人民出版社 2001 年版，第 546 页。

〔2〕 同样，一般意义上的法的溯及力与法的安定性原则也是不相容的，"真正溯及性的法律由于是变动已经终结之法律关系，严重破坏法的安定性，故原则上违反法治原则而无效。"

范性文件等抽象行政行为（同理可以扩大到地方性法规、司法解释等文件），即使存在违法或不适当情形，如果不实施就不会造成损害，即使有损害，所侵害的对象也不确定，并且，通常也不能以个案救济的方式进行审查并予以救济，所以，在规范性文件备案审查工作中，有权机关审查完毕，只需要宣告自此无效或者予以废止、建议制定机关修改即万事大吉，而不必使违法的规范性文件面向过去失效，即不必使失效溯及该文件的制定之初。事实上，一方面，违法的规范性文件造成损害的可能性，与具体行政行为是没有本质差别的。这是因为，规范性文件所设定的行为规范总归会通过各种方式得到实施，即使规范性文件没有被实施为具体行政行为，其所设定的增加收费标准、提高行政许可的取得条件等内容，也仍然会潜在地影响着公民、法人和其他组织的权利和义务。另一方面，违法的抽象行政行为（规范性文件）"必然派生出若干错误的具体行政行为、造成不止一个损害后果，而是无法统计的若干损害后果"，并且，"所造成的后果是大面积的，影响亦是深刻而广泛的"，"难以作量上的统计和估计"，[1]某种程度上讲，违法的规范性文件所造成的损害，较之具体行政行为，有过之而无不及。因此，在决定是否赋予规范性文件备案审查结果以溯及力时，就必须要考量对公民、法人和其他组织的权益保护问题。

4. 公共利益

毋庸置疑的是，在一个法治国家，一切立法行为都以公共利益而非私人利益作为首要的价值目标，因此，举凡法律的正当性和权威性，也都建立在追求公共利益的基础之上。作为上位概念的利益一词，本来就是可以意会而难以言传的，要给利益下一个确切的定义，是非常困难的，这也就导致了公共利益这个概念具有非常大的不确定性。"到底什么是公共利益，却没有哪个国家的法律有明确的规定。这是由公共利益'利益内容'的不确定和'受益对象'的不确定所决定。"[2]在我国学界，过去曾有观点认为，公共利益是指全体社会成员的公共利益，法律保障公共利益，也就是保护全体社会成员

〔1〕　江群华、张运萍：《论违法规范性文件的行政赔偿责任》，载《华中科技大学学报（社会科学版）》2000 年第 4 期。

〔2〕　黄学贤：《公共利益界定的基本要素及应用》，载《法学》2004 年第 10 期。

的利益。其实，公共利益涉及的"并不是全体社会成员的利益，也不是特定多数社会成员的利益"[1]，公共利益是"针对某一共同体内的少数人而言的"[2]"不确定的多数人的利益"[3]。从范围上看，公共利益是国家利益、社会利益、作为公共利益的集体利益的上位概念，并且，公共利益也包含了公共秩序、社会秩序、社会治安、国家安全等内容。[4]基于公共利益的概念的不确定性以及内涵的丰富性，涉及公共利益的违法或不适当的规范性文件，是应予撤销并溯及无效，还是予以废止，抑或是不予处理，就成为一个难题，需要综合考量规范性文件所涉及的其他法益作出判断。

5. 信赖利益保护

信赖利益保护，是指人民对国家法律秩序的稳定存在产生信赖利益，对于此一信赖利益，国家应予保障。作为一项公法原则，信赖利益保护产生于二战后的德国。斯时，德国学术界对纳粹政权主张的法律思想大加批判，继前文所述的赖特布鲁赫提出法治国家司法权的法律安定性标准之后，舒菲利兹由法的安定性原则推演出了信赖利益保护原则。德国联邦宪法法院则早在1952年的一项判决中就指出，法治国理念的原则中包括法律安定性在内，并在1961年的提高法人税合宪案的判决中进一步指出，"法治国家最重要的要素为法的安定性。……人民如果依据当时现行法来为某种行为，可以得到何种法律后果的法律秩序应该获得信赖感……因此，法律安定性对于人民而言，信赖保护即居于最首要之地位"[5]。此种表述，即是将法治国家、法律安定性及信赖保护合为一体。事实上，法律安定性与信赖保护之间，本就是同源于法治国理念的一脉相承的关系，也是一体两面的关系。"法的安定性要求在某一特定时点上存在的法律状态的明确性，却也显示出一个时间的面向：只要当法的存续可以被信赖时，法才是安定的"。人民基于法律的明确内容而对如何行为产生了完整的预测，此种预测同时也是对国家法律秩序的一种信赖，即信赖立法者的计划和处置，此时，人民不能预测到其行为日后会遭受到法

---

[1] 梁上上：《公共利益与利益衡量》，载《政法论坛》2016年第6期。
[2] 胡锦光、王锴：《论我国宪法中"公共利益"的界定》，载《中国法学》2005年第1期。
[3] 胡鸿高：《论公共利益的法律界定——从要素解释的路径》，载《中国法学》2008年第4期。
[4] 参见胡锦光、王锴：《论我国宪法中"公共利益"的界定》，载《中国法学》2005年第1期。
[5] 陈新民：《德国公法学基础理论》（下册），山东人民出版社2001年版，第548页。

律制度的何种变动而带来的何种不利影响，其当下所采取的行为是信赖现行的法律制度所作出的，故应当享有信赖利益。欲保护信赖利益，对公民合法权益会造成减损的备案审查结果就不能具有溯及既往的效力。溯及无效的备案审查决定，会使据以产生信赖利益的规范性文件失去效力，法的安定性和连续性被中断的同时，根据该规范性文件所作出的行为及其所预期的利益，也因此会被收回或取消。当然，此处所指的规范性文件，应当是具有授益内容的规范性文件。对具有处分或制裁内容的规范性文件而言，备案审查决定如果溯及无效，则恰好使被制裁或处罚的权益得到恢复，对被制裁者是有利的。

（二）备案审查结果溯及力所涉及法益的衡量

"立法的核心问题是如何确切地认识和恰当地协调各种利益，以减少利益冲突，促成利益的最大化。"[1]备案审查结果溯及力所涉及的法益较多，各种法益之间的关系也是错综复杂的，同时，每一种法益本身，又不具备单独决定溯及力问题的能力。因此，在确定是否赋予备案审查结果以溯及力时，就非常有必要对所涉法益进行衡量、比较与调和，寻求以最小代价获取最大利益的方案。

1. 法的一致性、权威性与法的安定性、信赖利益保护

法的一致性（权威性）和安定性，同为法的形式意义上的原则，并且，都是基于维护法律秩序而提出的要求，但二者之间，一致性（权威性）是法律体系生命延续的根本保证，失却一致性和权威性，法律体系即陷入混乱无序状态，安定性也因此无法得到保障，所以，法的一致性（权威性）具有更为优先的保护价值。当被审查的规范性文件存在违宪、违法等情况，备案审查机关的撤销决定应当具有溯及力，使该文件的无效溯及到制定之初，从而保证法律体系本身的合法有序和统一，此时，法的安定性、稳定性价值，必须予以退让。对于信赖利益而言，由于其乃人们信赖既有法律秩序的结果，既存的法的一致性和权威性，是信赖利益产生的基础，失去一致性和权威性，信赖利益则无从产生，因此，信赖利益也同样需要让步于法的一致性和权威

---

〔1〕　朱力宇、张曙光：《立法学》，中国人民大学出版社 2001 年版，第 85 页。

性。只是，需要解决的难题是，一方面，"经无效宣告之法规，应属'自始无效'，国家机关于宣告无效前，依据该等违宪法规所为之行为或措施，即应失所附丽，理当全部予以除去，始合乎逻辑论理之法则。然而，此种作法显然会影响原有法律秩序的正常运作，有碍法的安定性"[1]，同时，国家机关基于下位规范所作出的行政行为、司法裁判以及公民基于该规范的信赖利益，也必定受到巨大影响；另一方面，从理论上讲，"法律不溯及既往原则是源自法治国家内涵的法安定性与人民的信赖保护，基于信赖保护原则，人民因信赖既存的法律秩序，而安排其生活或处置其财产者，不能因行政法规的制定或修正，而使其遭受不能预见的损失"[2]。对于这一难题，德国违宪审查制度的无效理论，为我们提供了借鉴。

德国违宪法律被宣告无效系以传统的无效理论为基础的。根据无效理论，"无效行为自始不产生预期的法律效果，没有法律效果和拘束力，公民不必服从，行政机关不得执行。任何人任何时间都可以主张其无效。"[3]作为违法效果中最高的一种表现，无效行为是一种"绝不产生效力的、完全无效的和不成立的行为"[4]，即便无效行为在形式上尚未被废除或者被宣告为无效，任何人也都无须执行该行为，这就意味着无效行为原本预期达成的法律后果已经完全落空。在违宪审查领域，对于被判定为与上位法相抵触的法规，联邦宪法法院是应当宣布其无效的。这在《德国基本法》中没有规定，而是规定在《德国联邦宪法法院法》之中。《德国联邦宪法法院法》第78条规定："联邦宪法法院确信联邦法与基本法，或邦法与基本法或其他联邦法抵触时，应在裁判中宣告其无效。同一法律中之其他规定如基于

---

〔1〕 郝永伟：《人大规范性文件备案审查若干问题探析》，载《人大研究》2011年第2期。

〔2〕 翁岳生：《行政法》（上册），中国法制出版社2000年版，第221页。对于法的安定性的重要意义，甚至有学者提出，"法的安定性要求法律制度本身都应当以保障秩序安宁和基本权利作为其首要价值目标，任何时候，政治立场的分歧与冲突，或者对事物本质的不同认识，只不过是法律制度本身在实现正义价值过程中进行的功利性法则的权衡和选择，我们可以不否认权衡和选择的出发点都是满足'人民美好生活向往'的愿望，但是，所有的权衡和选择应当恪守法的安定性原则，绝不能超越于法的安定性之上而动摇法律制度的根本价值。"戴建华：《论法的安定性原则》，载《法学评论》2020年第5期。

〔3〕 ［德］哈特穆特·毛雷尔：《行政法学总论》，高家伟译，法律出版社2000年版，第253页。

〔4〕 ［印］M·P·赛夫：《德国行政法——普通法的分析》，周伟译，山东人民出版社2006年版，第81页。

相同理由，与基本法或其他联邦法抵触时，联邦宪法法院亦得将此等规定宣告无效。"[1]当然，基于根深蒂固的、被广泛认同的无效行为理论，无效行为是自始、当然、绝对无效的，所以，宪法法院在宣告某项违宪法规为无效时，只须根据《德国联邦宪法法院法》[2]第31条之规定，在裁判主文中言明该法规"与基本法抵触，因此无效"即可，而不必言明其无效为自始无效，而非自此无效。

与上位法抵触的法规被宪法法院宣布为无效，必然会引发连锁效应，意即由于宪法法院所作的自始无效裁决的效力原则上是溯及既往的，依逻辑而言，此前所有基于系争规范作出的行为都应予以撤销，即基于该无效规范基础上的法院判决、法律命令以及行政处分等都丧失赖以存在的基础。此种全面性地溯及既往和全盘更正，必将极大地伤害到人民对于国家机关行为的信赖和对法治的信仰。因此，《德国联邦宪法法院法》第79条将无效裁决的溯及既往进行了部分限定，"确定之刑事判决的所依据之法规业经宣告为违反基本法或依本法第78条之规定宣告无效者，又确定之刑事判决以联邦宪法法院宣告为违反基本法之法规之解释为依据者，均得依刑事诉讼法之规定对之提起再审。其他根据依第78条被宣告为无效之法规所为不得再行争执的裁判，除第95条第二项的规定或其他法律有特别规定者外，不受影响。这些裁判不得执行。依民事诉讼法须为强制执行时，民事诉讼法第767条规定准用之。不当得利请求权不得主张之。"[3]根据该条规定，宪法法院对所有违宪的规范无一例外地做自始无效性的宣告，从而有效保证了法的一致性和权威性。其中，允许依据无效法律作出的刑事判决启动再审程序，以有效维护法的实质妥当性，此时，法安定性必须退让。但是，如前所述，一律撤销依据违宪法律作出的判决、命令、行政行为等，则可能颠覆已经稳定的社会秩序，于是

---

[1] 《德国联邦宪法法院法》，载 http://baike. baidu. com/item/德国联邦宪法法院法/17652499，最后访问日期：2024 年 11 月 20 日。

[2] 《德国联邦宪法法院法》，载 http://baike. baidu. com/item/德国联邦宪法法院法/17652499，最后访问日期：2024 年 11 月 20 日。

[3] 《德国联邦宪法法院法》，载 http://baike. baidu. com/item/德国联邦宪法法院法/17652499，最后访问日期：2024 年 11 月 20 日。

某些司法判决或行政决定基于特殊法律规则的保护而不被推翻。[1]例如，某些判决不受无效宣告影响，但不再执行，当事人也可以基于民事诉讼法的有关规定对抗执行；又如，授益性行政行为因法律依据被宣告无效而可能被撤销时，需要受到《德国联邦行政程序法》第48条所设条件的限制。即对提供连续的金钱或财产给付的授益性行政行为，原则上只能向后撤销，只有受益人有过错或者行政行为的违法性可以归责于受益人时，才能对授益性行政行为作溯及既往的撤销，而不能一概地予以撤销。[2]可见，《德国联邦宪法法院法》和许多单行法共同产生了事实上抵抗无效宣告溯及力的条件，这样做既保障了高位阶法律的权威性，在合理限度内稳固了既存的社会秩序，同时，对法的安定性和信赖利益保护也给予了充分的考虑。

2. 公共利益与公民、法人和其他组织的权利和利益

在规范性文件备案审查领域，对公益和私益进行权衡是应否赋予备案审查结果以溯及力的关键问题，同时也是一个难题。因为，公益和私益的关系比较复杂，也多有争议，理论上，既有罗马时代西塞罗的名言"公益优先于私益"（salus publica suprema lex esto）所蕴含的"公益是与私益相对立的"[3]，也有如德国学者克鲁格所坚持认为的，二者并非相反之概念，而是相成、并行的概念。[4]在相成和并行这一向度上，个人利益本源上符合公共利益要求，个人在追求个人利益的同时也满足了公共利益；公共利益代表共同的、长远的个人利益，是个人利益的最终价值指向，两者具有一致性，"公益"本身可能全部或部分与"个人利益"重叠。[5]事实上，不管是在立法

---

〔1〕 法的安定性与实质妥当性，都是由法治国家原则衍生而来并具有宪法位阶的原则，也是德国基本法所依据的基本理念。但这两个原则也会存在发生冲突的情形，一旦冲突发生，立法机关在立法时，有权决定优先适用其中一个法律原则。《德国联邦宪法法院法》第79条的规定，关于刑事判决可以申请再审，很显然是以实质妥当性原则作为优先考虑；而其他裁判、行政决定、不当得利请求权等，则不予溯及支持，这很显然是基于法的安定性原则优于实质妥当性原则的考虑。

〔2〕 参见［德］汉斯·J. 沃尔夫、奥托·巴霍夫、罗尔夫·斯托贝尔：《行政法》（第二卷），高家伟译，商务印书馆2002年版，第123页。

〔3〕 胡建淼、邢益精：《公共利益概念透析》，载《法学》2004年第10期。

〔4〕 参见陈新民：《德国公法学基础理论》（上册），山东人民出版社2001年版，第199~200页。

〔5〕 参见孙丽岩：《公共利益服从的博弈分析》，载《法学》2004年第10期。

中，还是在具体的个案处理上，公益和私益不可避免地会发生冲突，因此会涉及公益和私益何者为重的问题。古典宪法理论秉承"公益乃最高之法则"，并据此认为基于公益可对私益进行限制，但启蒙运动以后，尤其是随着康德提出"个人是目的，不是手段"的名言，"以个人为本位"逐渐成为近代国家的主流价值观，在此背景之下，当公益与私益发生冲突时，过去曾一味强调公益优先，甚至强调无条件地以牺牲私益为代价去满足公益的做法，就彻底地失去了道德支撑。在现代社会，权利不再局限于个人利益，不再仅仅以个人利益为最终依归，相反，行使权利应以公共利益为指导原则，尊重公共利益，注重个人利益与公共利益的相互调和。[1]

对于规范性文件备案审查结果而言，在决定是否赋予其溯及无效的效力时，如果遭遇公益和私益的冲突，该如何处理呢？德国联邦宪法法院为确定在个案中相互冲突的基本权或宪法原则之各该效力范围，曾运用过"个案中之法益衡量"的方法。对于法益衡量法，德国学者拉仑茨归纳了三个原则：首先，取决于——依基本法的"价值秩序"——于此涉及的一种法益较他种法益是否有明显的价值优越性。相较于其他法益，尤其是财产性的利益，人的生命或人性尊严具有较高的位阶；其次，当涉及位阶相同的权利间的冲突或所涉权利如此歧异，因此根本无从作抽象比较时，一方面取决于应受保护法益被影响的程度，另一方面取决于拟让步利益的受害程度；最后，必须适用比例原则、最轻微侵害手段或尽可能微小限制的原则，为保护某种较为优越的法价值须侵及一种法益时，不得逾达此目的所必要的程度。[2]根据"个案中之法益衡量"的三项原则，公益和私益何者为重的难题，就有了解决的思路。一般情况下，看似国家利益和公共利益更为重要，但某些个案中，个人的权益反倒具有压倒之势，更需要被保护和考虑。"从基本法和欧共同体法的角度来看，应当反对自由的可废止性和可撤销性规则。在现代社会法治国家，公民存在和活动的范围远比以前的管制和控制社会宽泛。个人对授益性行政行为存续的依赖性越来越大，信赖保护日益受到重视，在个案中可能比纠

---

〔1〕　参见梁上上：《公共利益与利益衡量》，载《政法论坛》2016年第6期。

〔2〕　参见〔德〕卡尔·拉仑茨：《法学方法论》，陈爱娥译，商务印书馆2003年版，第285页。

正违法行为和执行行政合法性原则的公共利益更为重要。"〔1〕当然，德国联邦宪法法院在权衡法益后作出抵抗宣告无效溯及力的规定时，并不是一味地保障公民的权利和利益，法的安定性和特定的公共利益的重要程度与个案中的公民权益相比较，也并非一直处于下风，当公益的考量已超过私人的利益时，公民的权益就不能当然取得宪法保障资格的地位。在该案中，基于保障国有财产的需要，依据无效法律的规定而缴付的税款不予返还，保障国有财产所代表的公共利益与公民个人已缴税款的私益相比，就具有优先价值。

总的来说，规范性文件备案审查结果的法律效果，涉及前文所述的法的安定性、法的一致性、公共利益、私人利益、信赖利益等多种法益的相互冲突，这些法益之间的关系错综复杂，哪一种法益是相较于其他法益而言的最重要的法益，本身就是一个见仁见智的问题。退一步讲，即使我们放弃最重要法益的排序做法，转而将各种法益都视为需要考量的重要法益，那么，在对各种法益进行综合考量的时候，也要受一个国家所处的社会阶段、经济发展水平、法治状况、历史文化传统等因素的制约，期望拿出一个各法益主体都满意且一劳永逸的结果，并不现实，而且，一般也不会以牺牲其他法益作为代价去单独地完全满足其中的某一个法益。经常的做法是，在权衡所涉多种法益的重要性、紧迫性、领域、人数等因素的基础上对所涉法益进行一个综合的权衡，所得出的结果无外乎是这个法益被多考虑一些，那个法益被少考虑一些而已。如某学者所言，"禁止法律溯及既往的基本价值追求是保护公民的权利和自由，然而溯及既往的法律并非无一例外地对公民权利保护不利。"〔2〕

四、规范性文件备案审查结果溯及力制度设计中需解决的重点问题

许多西方法治发达国家对抽象规范进行违宪审查监督的制度已经非常成熟，总体上形成了各有特点的审查模式，尤其是德国联邦宪法法院对抽象规

---

〔1〕 [德] 汉斯·J. 沃尔夫、奥托·巴霍夫、罗尔夫·斯托贝尔：《行政法》（第二卷），高家伟译，商务印书馆 2002 年版，第 108 页。

〔2〕 朱力宇、孙晓红：《论法的溯及力的若干问题——关于法律不溯及既往的争议、实践、反思与主张》，载《河南省政法管理干部学院学报》2008 年第 1 期。

范的合宪性审查，已有多年历史，经验比较丰富，制度也比较完善，德国以外的许多其他欧陆国家的合宪性审查制度也有各自的特色。相比而言，我国对规范性文件的备案审查起步较晚，相关法律制度虽然已经建立，但尚不成熟，尤其是备案审查结果的法律效力问题，尚未有明确的制度层面的规定，个中难题的解决，尚待时日。笔者于此处，针对备案审查结果溯及力制度构建中的几个主要问题，提出以下浅见。

（一）以专门且更高级别的文件规定备案审查结果的溯及力问题

目前，我国规范性文件备案审查工作的法律依据有《地方组织法》、《立法法》、《监督法》等法律，但这些法律中关于备案审查的规定只有几个条款，而且都比较原则。全国人大常委会在备案审查工作中适用的文件，以 2019 年 12 月 16 日为时间点，之前是现已被废止的《行政法规、地方性法规、自治条例和单行条例、经济特区法规备案审查工作程序》和《司法解释备案审查工作程序》，之后是《法规、司法解释备案审查工作办法》，这三个文件的共同点是皆为委员长会议通过的人大常委会内部文件。以内部文件规范备案审查工作，实际上并不妥当，因为，单论规范性文件备案审查的工作程序，尚且可以说是人大的内部事务，但规范性文件备案审查处理决定的效力及溯及力问题，直接关涉公共利益和社会公众的权益，实际地影响着法律秩序的稳定，绝不是人大的内部事务，至少应该由法律来规定。目前，世界上的很多国家，不论法治是否昌明，如德国、法国、葡萄牙、波兰、乌克兰、塞尔维亚等，法律监督都是规定在宪法或宪法性法律之中的。以欧洲为例，四十多个国家中，有近二十个国家均在宪法、基本法或者宪法性法律中规定了违宪规范性文件的溯及力问题。[1]针对我国的目前情况，在制定新法之前，应放弃使用内部文件的形式来规定备案审查结果的相关内容，至少应当使用法律解释的

---

〔1〕　当然，在宪法、基本法或者宪法性法律中规定了违宪规范性文件的溯及力问题，并不是说均规定了违宪规范性文件具有溯及力，也有一部分国家规定自"违宪裁决（决定）"作出之日或公布之日起失效。如《意大利共和国宪法》第 136 条第 1 款规定："当宪法法院宣布某项法律规范或具有法律效力的行为规范违宪时，从该决定作出之日起，该规范即丧失法律效力。"再如《塞尔维亚共和国宪法》第 168 条第 3 款规定："不符合宪法和法律的法律或者其他一般性法令应自宪法法院裁决在官方刊物公布之日起失效。"作此种规定的还有摩尔多瓦、黑山、立陶宛等国。参见孙谦、韩大元主编：《宪法实施的保障》，中国检察出版社 2013 年版，第 152、123 页。

形式来规定。

（二）对立法性文件和司法解释实行备案审查决定上的无差别适用

如前文所述，在我国，最高人民法院和最高人民检察院的司法解释和立法性文件都属于抽象规范，都具有法律效力并且功能相似，它们又被合称为规范性文件，但《立法法》规定对立法性文件的审查可采取"撤销"的方式，而《监督法》规定对司法解释的审查可采取要求"废止"的方式。从立法原意角度看，之所以使用不同的法律术语，说明立法者对两种备审文件意图设定不同的审查后果。对于同法律抵触的司法解释不作撤销处理的可能考虑是，适用司法解释的案件都是司法裁判个案，而基于法律秩序安定性而产生的既判力具有较高的法益价值，所以，裁判所依据的司法解释的效力必须得到维持，否则一旦司法解释被撤销，则对个案的裁判也会因无法律依据而被撤销。然而，很多立法性文件与司法解释一样，在司法过程中也作为法院裁判的依据，同时，立法性文件还是行政机关作出行政行为的依据，依据立法性文件作出的行政行为具有确定力，它的基础也是法律秩序的安定性，民事法律行为亦同理。如果对这些立法性文件作出有溯及力的撤销，同样会影响公民的既得权、信赖利益以及社会秩序的稳定。基于此种认识，从客观上讲，在备案审查工作中，不管是对司法解释还是立法性文件，经审查只要认定其具有与上位法抵触或不适当的情形，就应当使用相同的处理手段，而不应当在备案审查结果的选择上区别对待。仅就这一点而言，《全国人大常委会备案审查工作规范（征求意见稿）》对于立法性文件和司法解释，不作区分，规定效果相同的立即失效和立即停止施行是有合理性的，至于二者应当采用"自始无效"还是"嗣后无效"的规则，则另当别论。以笔者之见，对于立法性文件和司法解释两种文件的备案审查，须统一规定为"撤销"（等同于德国的"自始无效宣告"）和"改变"两种审查结果，当然对于不同种类的规范性文件还要有差别地对待。可以考虑在适当的时候，修改《监督法》中的相关内容，使其与《立法法》的表述一致。

（三）在衡量法益的基础上赋予"撤销"和"废止"以相同效果

关于"溯及力"最有争议的问题是如何区分"撤销"和"要求废止"的

法律含义和适用条件。[1]如前所述，《全国人大常委会备案审查工作规范（征求意见稿）》对"撤销"的理解已经超越其一般含义，相当于取消了其具有溯及力的内涵，使得"撤销"的含义与"废止"的通常含义并无二致。在解释结论上，究竟是将"撤销"的含义转向"嗣后无效"的"废止"，还是将"废止"解释为"自始无效"的"撤销"呢？从文义解释和体系解释的路径看，后者更具有可行性。因为，将"废止"解释为"自始无效"，并没有突破其文义的最大容纳空间，"废止"虽仅有宣示"立即失效"或"停止施行"的意思，但也不否定可追加"自始无效"的效果。但相比较而言，"撤销"的含义相对固定，无论是公法还是私法，都是指使违法行为或文件自始无效的具有法律效力的决定。当然，此处所讲的"固定"，也是"相对固定"，如果确有实际需要，将"撤销"另作他解，也并非完全禁止，但必须由法律直接规定，而且，问题的关键是，我们是否有必要这样做？从客观解释方法看，"撤销"应当保持它一贯的含义，并使针对司法解释的"废止"也具有"撤销"的效果，这是对法益进行衡量后的必然选择。法律适用领域遵循"不溯及既往"原则的理由在于，立法者在衡量法律适应性和秩序稳定性、规则可预期性何者为重时，果断选择了后两者。但是在规范性文件备案审查领域，立法者除了要考量前述几种法益的关系，更需要关注法律的权威性、规则的一致性、体系的和谐性，当然，此时的利益衡量较为困难，有时必须代入具体的情境当中，才能得出恰当的结论。不过，从整体而言，法律的权威性、规则的一致性、体系的和谐性是更高位阶的法益，也属于一种公共利益，它甚至可以兼顾秩序稳定性的价值，因此我们应当确定"撤销"具有"溯及既往"的能力，"废止"也应具有同等功能。当然，对于因"撤销"和"废止"的溯及既往而产生的对其他公益或私益的损害，可以进行法律上的个别调整，唯有如此，才能达到各种解释方法在结论上的一致性。从这个角度讲，《全国人大常委会备案审查工作规范（征求意见稿）》的规定是不正

---

[1]　对于修改决定的溯及力的争议不大。有学者指出，我国备案审查的修改决定，一般是让制定机关修改原规范性文件，修改后的文件是否会对修改前的行政行为、判决产生溯及力，这本质上属于立法的溯及力问题。撤销的溯及力针对已决案件，而修改的溯及力往往针对未决案件。参见王锴：《论备案审查结果的溯及力——以合宪性审查为例》，载《当代法学》2020年第6期。

确的。

（四）对基于无效规范所作的司法裁判及其他行为进行效力区分

违法的规范性文件得到纠正的同时，以该规范性文件为依据所作出的行为和司法裁判，也应当同时得到相应的处理或纠正。但是，基于无效规范作出的司法判决、行政行为等，不能当然地使其全部无效，应当允许有例外存在，因为全面性地溯及既往和全盘纠正，必将极大地伤害到人民对于国家机关行为的信赖和对法治的信仰。如前文所述，依《德国联邦宪法法院法》第79条的规定，宪法法院对所有违宪的规范无一例外地做自始无效性的宣告，同时允许依据无效法律作出的刑事判决启动再审程序，[1]但某些判决不受无效宣告影响，只是不再执行；《葡萄牙共和国宪法》也明确规定了溯及无效在适用上的有限例外，即第282条第3款所规定的"已经审理并作出裁判的案件仍然有效。但是宪法法院对有关刑事、纪律或行政违法的，且内容不利于被告的条款，作出相反裁判的除外。"[2]这一规定相较于德国，范围上更为广泛，除刑事案件外，还包括纪律和行政违法案件。我国可以借鉴德国和葡萄牙的作法，对于严重影响公民合法权益的行为，如刑事有罪判决，应当规定违法规范性文件溯及无效，从而允许启动再审程序，而对于民事裁判以及授益性的行政行为，则不允许溯及无效。具体的操作方式，可以选择由《立法法》及其解释设置原则性规定，但效力判断标准由各个专门法予以规定。需注意的问题是，"有利于公民、法人和其他组织权利与利益"可以作为法益权衡的主要因素，但绝不是唯一或最重要的因素，某些场合，法的确定性、安定性、公平、国家行为存续本身所具有的公益性、国家权威、重大的公共利益等可能更为重要，需要法律加以具体权衡。

（五）基于规范性文件和上位法的生效时间的先后顺序，决定溯及力的起点

被审查的规范性文件如果构成与上位法的抵触，那么对其予以撤销，其

---

〔1〕《德国联邦宪法法院法》，载 http://baike.baidu.com/item/德国联邦宪法法院法/17652499，最后访问日期：2024年11月20日。

〔2〕《德国联邦宪法法院法》，载 http://baike.baidu.com/item/德国联邦宪法法院法/17652499，最后访问日期：2024年11月20日。

无效的溯及力如何？是溯及至该规范性文件生效之初，还是溯及至上位法生效之初呢？《葡萄牙共和国宪法》第 282 条第 2 款 "以违反后来颁布的宪法或法律规定为理由作出的先前条款违宪或违法的宣告，应在后来颁布的宪法或法律规定开始生效时产生效力" [1]的规定可以供我们借鉴。

　　明确区分违法规范性文件与其所违反的上位法的生效时间关系，就是区分规范性文件所违反的是制定在先的上位法还是制定在后的上位法。如果违反的是制定在先的上位法，则予以撤销或者进行修改；如果规范性文件先制定，上位法后制定，或者规范性文件后制定，但先制定的上位法在规范性文件制定后进行了修改，此时，规范性文件如果与上位法构成抵触，则属于清理范畴。这二者之间，前者是主动与制定在先的上位法构成抵触，至于后者，与制定在先的上位法构成抵触是被动的。在后者情况下，如果制定机关没有在合理的时间内作出清理，则备案审查机关依然可以按照备案审查的程序对其撤销或者进行修改。也就是说，法规清理和备案审查并非只能选择其一而为之，主动清理与被动审查可以配合进行。需注意的问题是，在后者情况下，如果审查机关采用 "撤销决定"，其 "无效宣告" 的溯及力，是不完全的，也可以说是 "一半" 的溯及力，即其无效只溯及至上位法生效或修改后生效之时，而非该规范性文件生效之时。

　　规范性文件备案审查作为一项法律监督制度，其重要意义无需多言，党和国家在近些年也表达了高度的关切和期望，然而，规范性文件备案审查的制度建设情况同其重要意义以及党和国家的重视却是不匹配的，尤其是备案审查结果的法律效力及其溯及力的制度建设，更是亟待完善。赋予规范性文件备案审查结果以溯及力，使备案审查制度长出锐利的 "牙齿"，才能加强备案审查制度在维护法制统一、保障权利和利益等方面的能力。我们有理由相信，在完善我国法治体系建设的过程中，规范性文件备案审查制度必定能随之逐渐完备，同时，备案审查结果的法律效力及其溯及力问题，也绝不会永远停留在理论探讨的层面，不久的将来，必定能在制度层面得到肯定和表达。

---

　　[1]　《德国联邦宪法法院法》，载 http://baike.baidu.com/item/德国联邦宪法法院法/17652499，最后访问日期：2024 年 11 月 20 日。